トクとトクイになる！ 小学ハイレベルワーク
3・4年 社会 もくじ

JN085449

【写真提供】PIXTA

※本書に掲載の地図は，紙面の都合により一部の離島等を省略
している場合があります。

✦特別ふろく✦

1 巻末ふろく しあげのテスト

2 WEBふろく 自動採点CBT

WEB CBT(Computer Based Testing)の利用方法

コンピュータを使用したテストです。パソコンで下記 WEB サイトへア
クセスして，アクセスコードを入力してください。スマートフォンでの
ご利用はできません。

アクセスコード／ **Csbbbb26**

https://b-cbt.bunri.jp

この本の特長と使い方

この本の構成

標準レベル ✦

知識を確認し，実力をつけるためのステージです。
標準レベルの問題をまとめた構成になっています。資料や図を参考にしながら問題に取り組んでみましょう。
「ノートにまとめる」では，覚えておきたい大切なポイントをまとめています。

ハイレベル ✦✦

少し難度の高い問題で，応用力を養うためのステージです。
地図やグラフ，文章資料など，複数の資料を元に考えてみましょう。文章で答える記述問題，図をかく問題など，多彩でハイレベルな問題で構成しています。思考力トレーニングは，知識だけでは解けない，考える問題を掲載しています。

思考力育成問題

知識そのものだけで答えるのではなく，知識をどのように活用すればよいのかを考えるためのステージです。
資料を見て考えたり，判断したりする問題で構成しています。
知識の活用方法を積極的に試行錯誤することで，教科書だけでは身につかない力を養うことができます。

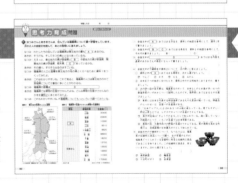

特集 社会のはかせ

その章に関係のある内容を楽しくまとめた特集ページです。
より理解が深まり，社会の内容がもっと好きになるようなことがらをとりあげています。
気になったことは，本やインターネットなどで調べて，さらに学びを深めていくと良いでしょう。

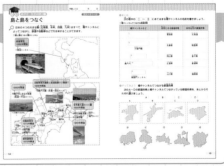

とりはずし式
答えと考え方

ていねいな解説で，解き方や考え方をしっかりと理解することができます。
まちがえた問題は，時間をおいてから，もう一度チャレンジしてみましょう。

『トクとトクイになる！小学ハイレベルワーク』は，教科書レベルの問題ではもの足りない，難しい問題にチャレンジしたいという方を対象としたシリーズです。段階別の構成で，無理なく力をのばすことができます。問題にじっくりと取り組む経験によって，知識や問題に取り組む力だけでなく，「考える力」「判断する力」「表現する力」の基礎も身につき，今後の学習をスムーズにします。

おもなコーナー

学習内容に関連した豆知識をクイズ形式で紹介しています。答えたクイズはいろいろな人に紹介してみましょう。

ノートにまとめる

単元で学習する内容を，ノートの形式にまとめています。くり返し読んで，ポイントを確認しましょう。

思考力トレーニング

思考力・判断力・表現力を養う問題を取り上げています。図や資料を見ながら，答えをみちびきましょう。むずかしい問題には、ヒントもついています。

役立つふろくで，レベルアップ！

❶ トクとトクイに！ しあげのテスト

この本で学習した内容が確認できる，まとめのテストです。学習内容がどれくらい身についたか，力を試してみましょう。

❷ 一歩先のテストに挑戦！ 自動採点 CBT

コンピュータを使用したテストを体験することができます。専用サイトにアクセスして，テスト問題を解くと，自動採点によって得意なところ（分野）と苦手なところ（分野）がわかる成績表が出ます。

「CBT」とは？

「Computer Based Testing」の略称で，コンピュータを使用した試験方式のことです。
受験，採点，結果のすべてがWEB上で行われます。
専用サイトにログイン後，もくじに記載されているアクセスコードを入力してください。

https://b-cbt.bunri.jp

※本サービスは無料ですが，別途各通信会社からの通信料がかかります。
※推奨動作環境：画角サイズ　10インチ以上　　横画面
　[PCのOS] Windows10以降　　[タブレットのOS] iOS14以降
　[ブラウザ] Google Chrome（最新版）　Edge（最新版）　safari（最新版）
※お客様の端末およびインターネット環境によりご利用いただけない場合，当社は責任を負いかねます。
※本サービスは事前の予告なく，変更になる場合があります。ご理解，ご了承いただきますよう，お願いいたします。

答え ▶ 2ページ

1 日本の都道府県と地方

標準 レベル ········ トライ しよう

1 次の地図を見て，□ にあてはまる数字や言葉を入れましょう。

日本は，①□ つの大きな島と，多くの小さな島々からできています。

一番大きな島は②□ で，北海道，九州，四国と続きます。

小さな島は，14000以上もあります。

🔻日本の大きな島

北海道
本州
四国
九州

🔻47都道府県と地方

北海道
北海道地方
青森県
秋田県　岩手県
東北地方
山形県　宮城県
中部地方
新潟県
石川県　福島県
富山県　群馬県　栃木県　茨城県
長野県　埼玉県　関東地方
福井県　岐阜県　山梨県　東京都　千葉県
神奈川県
中国・四国地方
鳥取県　京都府　滋賀県　愛知県　静岡県
島根県　兵庫県　三重県
岡山県　大阪府
広島県　香川県　奈良県
山口県　徳島県　和歌山県
福岡県　愛媛県
佐賀県　大分県　高知県
近畿地方
長崎県　熊本県
宮崎県
鹿児島県
九州地方
沖縄県

日本海　太平洋

0　　　400km

日本には，1都1道③□ 府と43県があります。

これらは7つの地方に分けられます。

④□ は，広いので，1つで1地方区分です。都府県名と地方名を，地図で確かめましょう。

●面積が大きい順：北海道，岩手県，福島県，長野県，新潟県………沖縄県，東京都，大阪府，最小は⑤□

●海に面していない県：栃木県，群馬県，埼玉県，山梨県，⑥□ ，岐阜県，滋賀県，奈良県

●海に囲まれた道県：北海道，沖縄県

2 中部地方と中国・四国地方の分け方を地図にまとめました。地図中の◯◯にあてはまる言葉（県名）を書きましょう。

▶ **中部地方を3つに分ける場合**
- **北陸**：日本海側の県
- **中央高地**：長野県・山梨県と岐阜県北部
- **東海**：太平洋側の県と岐阜県南部

▼ **中国地方を2つに分ける場合**
- **山陰**：日本海側の県
- **山陽**：瀬戸内海側の県

◀ **中国・四国地方を3つに分ける場合**
- **山陰**：日本海側の県
- **瀬戸内**：瀬戸内海に面している県
- **南四国**：四国の太平洋側の県

ノートにまとめる

🌐 日本には47都道府県がある。
▶ 1都　東京都
▶ 1道　北海道
▶ 2府　大阪府・京都府
▶ 43県　青森県など

地方名	都道府県の数	地方名	都道府県の数
北海道地方	1	近畿地方	7
東北地方	6	中国・四国地方	9
関東地方	7		
中部地方	9	九州地方	8

1 日本の都道府県と地方

✦✦✦ ハイ レベル マスターしよう

❶ **次の各問いに答えましょう。**

(1)　次の地図㋐～㋒のうち，東北地方を正しく示すものはどれでしょう。（　　）

㋐
青森県
秋田県　岩手県
山形県　宮城県

㋑
青森県
秋田県　岩手県
山形県　宮城県
新潟県　福島県

㋒
青森県
秋田県　岩手県
山形県　宮城県
福島県

(2)　次の各文の説明の □ にあてはまる言葉を書きましょう。

①　東北地方と中部地方の両方にとなり合うのは，□地方です。
（　　　　　　）

②　日本で一番北にあるのは，□地方です。
（　　　　　　）

③　7つの地方区分のうち，8つの県からなるのは□地方です。
（　　　　　　）

④　7つの地方区分では，徳島県は，□地方にあります。
（　　　　　　）

⑤　中部地方を北陸・中央高地・東海の3つに分けたとき，石川県は□にあてはまります。
（　　　　　　）

(3)　右の地図に近畿地方の境界の線を書き入れましょう。

もの知り
？クイズ
の答え

Q1 イ
Q2 都

Q1 「甲信越」とは，現在の「山梨県」「長野県」「新潟県」。昔の国名で「甲斐」「信濃」「越後」とよばれていたころの名残です。関東地方との関係が強いため，「関東甲信越」とよばれることがあります。

❷ 次のカードが示す都道府県名を書きましょう。

① (　　　　　　)

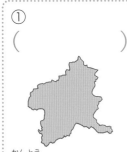

関東地方の県。鳥がつばさを広げているように見える。

② (　　　　　　)

九州地方の県。県名に「動物名」が入っている。

③ (　　　　　　)

中部地方の県。県名に「果物名」が入っている。

④ (　　　　　　)

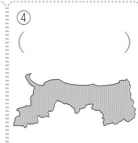

中国・四国地方の県。県名に「鳥」の文字が入っている。

⑤ (　　　　　　)

東北地方の県。県名に「色の名」が入っている。

⑥ (　　　　　　)

中部地方の県。北側で新潟県ととなり合っている。

⑦ (　　　　　　)

近畿地方の県。県名に数字が入っている。

⑧ (　　　　　　)

日本で一番大きい。「○○県」とはいわない。

💡**思考力**トレーニング　文から考えよう

次の文にあてはまる地方名を書きましょう。

①　この地方には，県が9県あり，そのうちの3県は，海に面していません。

[　　　　　　　　　　]

❗ヒント
都や府がふくまれる地方はあてはまりません。

②　この地方には，県が8県あり，そのすべての県は海に面しています。

[　　　　　　　　　　]

❗ヒント
すべての県が海に面している地方は4つあります。

2 北海道地方，東北地方

答え▶3ページ

・・・ 標準 レベル ・・・ トライしよう

1 次の地図を見て，あとの表中の◯◯にあてはまる言葉を書きましょう。

▼北海道の自然と産業

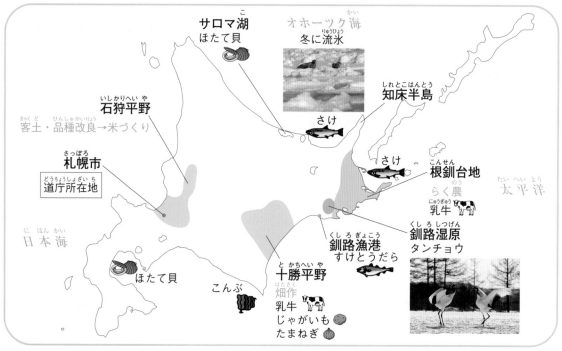

道庁所在地	① ◯◯◯市…さっぽろ雪まつりで有名。
自然	●太平洋，日本海，オホーツク海の3つの海に囲まれる。 オホーツク海…冬に ② ◯◯◯ が見られる。 ●釧路湿原〈ラムサール条約〉。知床〈世界自然遺産〉。
北海道 産業	● ③ ◯◯◯平野→米づくり。 ④ ◯◯◯平野→畑作（じゃがいも，たまねぎ，大豆など）。 ● ⑤ ◯◯◯台地や④平野では，乳牛を飼って牛乳や乳製品を生産するらく農がさかん。 ●サロマ湖では ⑥ ◯◯◯ を養しょく。 ●北海道は「日本の食料基地」で，農水産物を生かした食料品工業がさかん。紙・パルプ工業も行われる。

2 次の地図を見て，あとの表中の □ にあてはまる言葉を書きましょう。

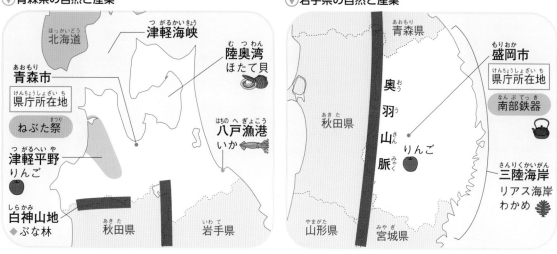

▼ 青森県の自然と産業

北海道
津軽海峡
陸奥湾
ほたて貝
青森市
県庁所在地
ねぶた祭
津軽平野
りんご
八戸漁港
いか
白神山地
◆ぶな林
秋田県
岩手県

▼ 岩手県の自然と産業

青森県
盛岡市
県庁所在地
南部鉄器
奥羽山脈
りんご
秋田県
三陸海岸
リアス海岸
わかめ
山形県
宮城県

青森県	県庁所在地	① □ 市…ねぶた祭。
	自然	● ② □ 海峡をへだてて，北海道と向かい合う。 ● 白神山地〈世界自然遺産〉。
	産業	● 津軽平野で ③ □ の生産。 ● ④ □ 湾では，ほたて貝の養しょく。
岩手県	県庁所在地	⑤ □ 市…伝統的工芸品の ⑥ □ を生産。
	自然	● 秋田県とのさかいに ⑦ □ 山脈が連なる。 ● 三陸海岸の南部は入り組んだリアス海岸。
	産業	● ③の生産がさかん。特産品の前沢牛。 ● 三陸海岸の南部では，わかめ，あわびを養しょく。

ノートにまとめる

● 北海道…夏が短く，冬の寒さがきびしい。豊かな自然にめぐまれている。
　▶ 広い農地での機械化された農業やさけ，ます，かになどの漁業がさかん。
● 青森県…りんごの生産量は日本一。陸奥湾では，ほたて貝の養しょく。
● 岩手県…43県のなかで最も面積が大きい県。わかめなどの養しょく。

標準レベルトライしよう

1 次の地図を見て，あとの表中の◯◯にあてはまる言葉を書きましょう。

▼宮城県の自然と産業　　▼秋田県の自然と産業

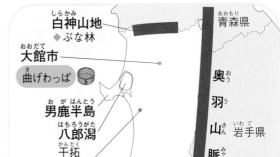

	県庁所在地	① [　　　] 市…七夕まつり。→緑が多い「杜の都」。
宮城県	自然	●山形県とのさかいに奥羽山脈が連なっている。 ●北からは北上川が，南からは阿武隈川が流れている。 ●日本三景の1つ ② [　　　] がある。 →多数の小島がうかぶ，景色の美しい小さな湾。
	産業	●仙台平野などで米づくり。 ●塩竈，石巻，気仙沼などのよい漁港がある。 ●伝統的工芸品…鳴子 ③ [　　　] 。

	県庁所在地	④ [　　　] 市…竿燈まつりで有名。
秋田県	自然	●岩手県とのさかいに奥羽山脈が連なっている。 ●男鹿半島の根元にある ⑤ [　　　] は，かつて日本で2番目に大きな湖→水をほしあげて陸地にする干拓が行われて農地になった。
	産業	●能代平野や秋田平野で米づくり。 →ブランド米のあきたこまちが有名。 ●伝統的工芸品…大館の ⑥ [　　　] など。

Q3 日本三景は松島 (宮城県)，安芸の宮島 (広島県) と，もう1つは京都府のどこ？
Q4 福島県の猪苗代湖は，あるわたり鳥の飛来地として有名だよ。何という鳥？

2 次の地図を見て，あとの表中の □ にあてはまる言葉を書きましょう。

▽ 山形県の自然と産業　　　　▽ 福島県の自然と産業

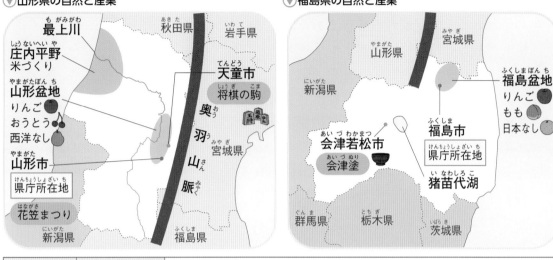

	県庁所在地	① ▢ 市…花笠まつりで有名。
山形県	自然	● ② ▢ 川が県をつらぬいて流れている。 ◗ 中央部に出羽山地，東部に奥羽山脈が連なる。
	産業	● ③ ▢ 平野で米づくり。　④ ▢ 盆地で果物づくり。 ◗ 特産品の米沢牛。

	県庁所在地	⑤ ▢ 市
福島県	自然	● 北海道，岩手県の次に広い面積を持つ。 ◗ 県の中央部に猪苗代湖がある。
	産業	● ⑥ ▢ 盆地で果物づくり。 ● 伝統的工芸品…⑦ ▢ 塗が有名。

ノートにまとめる

● 宮城県…県庁所在地の**仙台市**は東北地方最大の都市で，経済や文化の中心地。
● 秋田県…ブランド米のあきたこまちと伝統行事のなまはげ。
● 山形県…果物づくりがさかん。おうとう (さくらんぼ) の生産量は日本一。
● 福島県…福島盆地での果物づくり，伝統的工芸品の会津塗。

2 北海道地方，東北地方

答え▶3ページ

・◆◆◆ **ハイ**レベル ・・・・・・ マスターしよう

1 次のA〜Cの各文章は，地図中のA〜Cの各都市について説明したものです。あとの各問いに答えましょう。

A　北海道で人口が最大の都市である。この都市がある石狩平野は，客土や品種改良によって，（ あ ）の産地となっている。

B　⑥十勝平野の中央部にある都市。農業がさかんで，大型の機械を使った畑作が行われている。

C　この都市は⑤広大な台地の南西部にあり，水あげ高の多い漁港がある。近くには，日本で最初に（ え ）条約に登録された湿原がある。

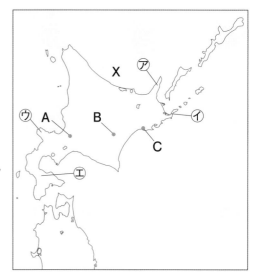

(1)　文章中の（ あ ）にあてはまる農産物の名前を書きましょう。

（　　　　　　　　）

(2)　下線部⑥の平野で生産がさかんな農産物としてあやまっているものを，次から選びましょう。

（　　　　　　　　）

じゃがいも　　小麦　　みかん　　とうもろこし

(3)　下線部⑤の台地でさかんな，乳牛を育てて，牛乳や乳製品をつくる農業の名前を書きましょう。

（　　　　　　　　）

(4)　文章中の（ え ）にあてはまる言葉を**カタカナ**で書きましょう。

（　　　　　　　　）

(5)　地図中の**A**の都市の名前を書きましょう。

（　　　　　　　　）

(6)　冬になると流氷が見られる，地図中の**X**の海の名前を書きましょう。

（　　　　　　　　）

(7)　えぞまつやみずならなどの植物，キタキツネやエゾシカなどの動物が見られるため，世界自然遺産に登録されている場所を，地図中の⑦〜⊕から選びましょう。

（　　　　　　　　）

❷ 東北地方について，次の各問いに答えましょう。

(1) 次の表は，2021年の東北地方の各県の米のとれ高を示したものです。これを表した地図として最もふさわしいものを，あとから選びましょう。（　　　）

県	青森県	岩手県	宮城県	秋田県	山形県	福島県
とれ高（万t）	25.7	26.9	35.3	50.1	39.4	33.6

（2021年）　tは重さの単位で，1tは1000kg。

（2022/23年版「日本国勢図会」）

㋐

㋑

㋒

㋓

50万tより多い
30万tから50万tまで
30万tより少ない

(2) 次の表は，果物の都道府県別の生産順位を示したものです。表中の①～④にあてはまる県名を書きましょう。　（同じ番号には，同じ県名が入ります。）

①（　　　　　）　②（　　　　　）　③（　　　　　）　④（　　　　　）

順位	りんご	おうとう（さくらんぼ）	もも
1位	①	③	山梨県
2位	長野県	北海道	④
3位	②	―	長野県
4位	③	―	③

（2020年）

（2022/23年版「日本国勢図会」）

💡思考力トレーニング　図から考えよう

　右の図は，東北地方のある県の県章（県のマーク）で，県名をカタカナにして，はじめの文字をデザインしたものです。これは何県の県章ですか。

！ヒント
県名はカタカナで3文字だよ。

特集　めざせ　社会の博士❶

答え▶4ページ

島と島をつなぐ

🔍 日本の4つの大きな島（北海道，本州，四国，九州）はすべて，橋やトンネルによってつながり，鉄道や自動車などで行き来することができます。

▼ 島と島をつなぐ橋やトンネル

鉄道専用
1988年開通

● 青函トンネル

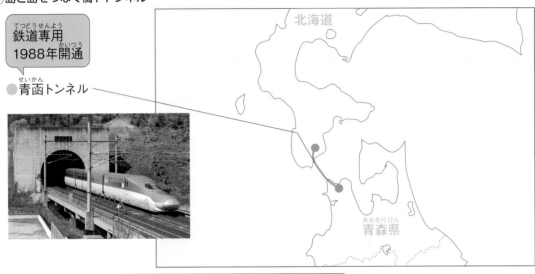

北海道

青森県

自動車専用道路と鉄道路線の2階建て
1988年開通

1999年開通

● 瀬戸内しまなみ海道
（尾道〜今治ルート）

7つの橋でつながる。

● 瀬戸大橋（児島〜坂出ルート）

世界最大級のつり橋
1998年開通

● 明石海峡大橋 （神戸〜鳴門ルート）
● 大鳴門橋

1985年開通

兵庫県　神戸市
岡山県
淡路島
倉敷市
広島県　尾道市
香川県
坂出市　鳴門市
徳島県

自動車専用
1973年開通

山口県
下関市
今治市

● 関門橋
● 新関門トンネル

北九州市
愛媛県

福岡県

新幹線専用
1975年開通

●まとめ

次の表中の ① ～ ⑤ にあてはまる橋やトンネルの名前を書きましょう。

▼ 橋やトンネルでつながる都道府県

橋やトンネルなど	本州にある都道府県	本州以外の都道府県
①	青森県	北海道
② 大鳴門橋	兵庫県	徳島県
③	岡山県	香川県
瀬戸内 ④	広島県	愛媛県
⑤ 新関門トンネル	山口県	福岡県

●やってみよう　橋やトンネルでつながる都道府県

次のA～Dの都道府県と橋やトンネルでつながっている都道府県を，あとからそれぞれ選びましょう。

A（　　　）　B（　　　）　C（　　　）　D（　　　）

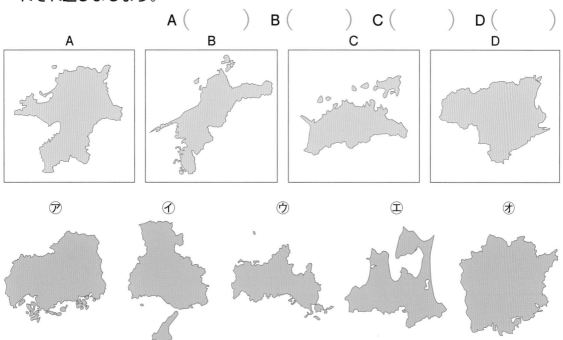

A　B　C　D

ア　イ　ウ　エ　オ

学習した日　　　月　　　日

答え▶4ページ

3 関東地方

▶ トライ しよう

1 次の地図を見て，あとの表中の □ にあてはまる言葉を書きましょう。

▼茨城県の自然と産業

▼栃木県の自然と産業

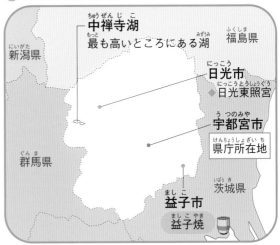

	県庁所在地	① □ 市…日本三名園の1つの偕楽園がある。
茨城県	自然	●日本で2番目に大きな湖の ② □ がある。 ●千葉県とのさかいを，③ □ 川が流れている。
	産業	●大都市向けの野菜や花を生産する近郊農業がさかん。 ●伝統的工芸品… ④ □ つむぎ（織物の一種）。

	県庁所在地	⑤ □ 市…「ぎょうざ」のまちとして有名。
栃木県	自然	●海に面していない内陸県の1つ。 ●⑥ □ 湖は日本一高いところにある湖。 →落差97mの華厳の滝が流れ出ている。
	産業	●いちごの「とちおとめ」が有名。 ●伝統的工芸品… ⑦ □ 焼。

【利根川】流域面積が日本最大，長さでは2番目の川です。流域面積とは，川の水面の面積をのぞいて，川に流れこむ雨や雪がふった土地の面積のことです。

もの知り
クイズ

Q1 栃木県の名産品で，夕顔の実からつくられる，おすしの材料などになる食材は何？
Q2 埼玉県の2001年4月までの県庁所在地はどこ？

2 次の地図を見て，あとの表中の □ にあてはまる言葉を書きましょう。

▼群馬県の自然と産業

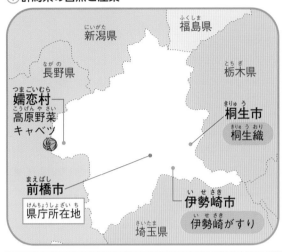

▼埼玉県の自然と産業

【い物】金属をとかし，型に流しこんでつくる金属製品。

群馬県	県庁所在地	① [　　　　]市
	自然	●海に面していない**内陸県**の1つ。 ■山がちの地形で，平地は南東部のみ。
	産業	●嬬恋村では，夏でもすずしい気候で ② [　　　　]**野菜**を生産。 ●こんにゃくの原料のこんにゃくいもの生産量日本一。

埼玉県	県庁所在地	③ [　　　　]市
	自然	●海に面していない**内陸県**の1つ。
	産業	●大都市向けの野菜や花を生産する**近郊農業**がさかん。 ●川口市…④ [　　　　]のまちとして有名。 ●秩父市…⑤ [　　　　]を産出→セメントの原料。

ノートにまとめる

● 茨城県…大都市向けの野菜や花を生産する**近郊農業**がさかん。
● 栃木県…徳川家康をまつる日光東照宮〈世界文化遺産〉。
● 群馬県…**高原野菜**のキャベツやレタスを生産。富岡製糸場〈世界文化遺産〉。
● 埼玉県…市の数では日本一。

3 関東地方

標準 レベル　トライしよう

1 次の地図を見て，あとの表中の □ にあてはまる言葉を書きましょう。

▽東京都の自然と産業

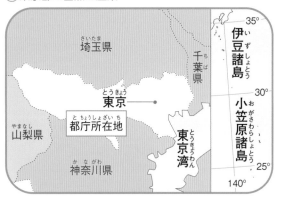

▽神奈川県の自然と産業

東京都	都庁所在地	① [　　　]…日本の首都で政治の中心地。関東地方の中心都市。
	自然	●面積が３番目に小さい都道府県だが，人口は最も多い。 ●東部の平地に人口が集中，西部は山地になっている。 ●小笠原諸島〈世界自然遺産〉，沖ノ鳥島（日本の南のはし），南鳥島（日本の東のはし）も東京都にふくむ。
	産業	●多くの情報が集まり，出版社の数が日本一多い。 ●商業もさかんで，銀座，新宿，渋谷などの大きなまちには，多くの店が集まっている。
神奈川県	県庁所在地	② [　　　]市…日本を代表する貿易港がある。
	自然	●東は東京湾，南は相模湾に面している。 ●③ [　　　]山…静岡県とのさかいにある火山。 　→ふん火によって芦ノ湖ができた。
	産業	●④ [　　　]半島でキャベツ，だいこんの生産。 ●三崎漁港では，まぐろの水あげが多い。 ●大仏で有名な⑤ [　　　]市や⑥ [　　　]地として知られる箱根町は観光地として人気がある。

┈┈┈┈┈┈┈┈┈┈┈┈┈┈┈┈┈┈┈┈┈┈┈┈┈┈┈┈┈┈┈┈┈┈┈┈┈
【首都】国を治める機関である政府がある都市。首都には，ふつう国の役所が多く集まっています。
┈┈┈┈┈┈┈┈┈┈┈┈┈┈┈┈┈┈┈┈┈┈┈┈┈┈┈┈┈┈┈┈┈┈┈┈┈

2 次の地図を見て，あとの表中の◯にあてはまる言葉を書きましょう。

▼千葉県の自然と産業

【砂浜海岸】…運ばれてきた砂が波で海岸にうちあげられてできた砂浜で，なめらかな海岸線が見られる。

【リアス海岸】…山地が海にしずんだり，海面が上がったりしてでき，入り江や岬が複雑に入り組んだ海岸線が見られる。

千葉県	県庁所在地	① ◯◯◯◯市
	自然	●大部分を ② ◯◯◯◯ 半島がしめている。 ● ③ ◯◯◯◯ …日本を代表する砂浜海岸。 ●茨城県とのさかいを利根川が流れている。
	産業	●野菜づくりを中心に近郊農業がさかん。 →あたたかい南部では花づくりがさかん。 ●特産品のらっかせいは，日本一の生産高。 ● ④ ◯◯◯◯ 漁港…日本有数のいわしの水あげ高。

【東京23区】東京都以外の道府県庁所在地はすべて市ですが，東京都だけは「東京市」ではなく「東京」です。昔は「東京市」でしたが，その後，23の特別区に分けられました。この特別区を「東京」とよんでいます。東京23区は，市と同じような地位がみとめられています。

ノートにまとめる

●東京都…日本の政治，経済，文化の中心地で，人口が最も多い。
　　　　→交通じゅうたいやごみ処理などさまざまな問題もおきている。
●神奈川県…横浜港は日本を代表する貿易港。鎌倉や箱根などの観光地もある。
●千葉県…大都市向けの野菜や花をつくる近郊農業がさかん。
　　　　日本の空の玄関口である成田国際空港がある。

1 次の地図を見て，あとの各問いに答えましょう。

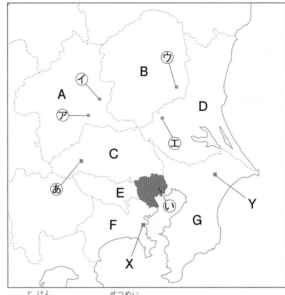

(1) 地図中の**A～G**の都県について説明した文を，次からそれぞれ選びましょう。

A (　　　)　　　B (　　　)　　　C (　　　)　　　D (　　　)

E (　　　)　　　F (　　　)　　　G (　　　)

⑦　日本の政治，経済，文化の中心地で，人口が最も多い。

⑦　日本で2番目に大きな湖である霞ケ浦の南を利根川が流れている。

⑦　大仏で有名な鎌倉や温泉地の箱根などの観光地がある。

⑦　キャベツやレタスなどの高原野菜の生産がさかんである。

⑦　あたたかい房総半島の南部では花づくりがさかんである。

⑦　大都市向けの近郊農業がさかんで，市の数が日本一多い。

⑦　世界文化遺産に登録されている，徳川家康をまつる日光東照宮がある。

(2) 地図中の㋐で産出される，セメントの原料は何ですか。

(　　　　　　　　　　　　)

(3) 地図中の㋑にある，さまざまな種類の店が数多く集まっているまちとしてあや

まっているものを，次から選びましょう。(　　　)

⑦　新宿　　⑦　銚子　　⑦　銀座　　⑦　渋谷

(4) 地図中の**X**にある日本有数の貿易港の名前，**Y**にある日本の空の玄関口にあた

る空港の名前をそれぞれ書きましょう。

X (　　　　　　　　)　　　Y (　　　　　　　　)

(5) 益子焼の産地を，地図中の⑦～⑦から選びましょう。(　　　)

❷ 次の資料を見て，あとの各問いに答えましょう。

資料 東京23区内にある会社や学校などに通っている人の数

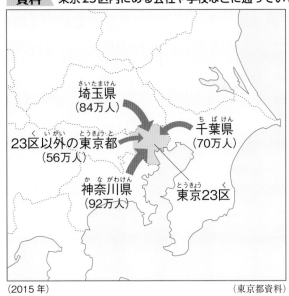

埼玉県
(84万人)

23区以外の東京都
(56万人)

千葉県
(70万人)

神奈川県
(92万人)

東京23区

(2015年)　　　　　　　　　　　　　　　　(東京都資料)

(1) 資料から読み取れる，東京23区の人口についての説明として正しいものを，次から選びましょう。　　　　　　　　　　　　　（　　　）

　㋐ 夜の人口より，昼の人口の方が多い。

　㋑ 昼の人口より，夜の人口の方が多い。

　㋒ 昼の人口と夜の人口はほとんど同じである。

(2) 東京23区内でおこっている問題としてあやまっているものを，次から選びましょう。　　　　　　　　　　　　　　　　　　（　　　）

　㋐ ごみが増えてこまっている。

　㋑ 交通じゅうたいがよく発生する。

　㋒ バスや鉄道の路線の廃止が続いている。

💡思考力トレーニング　数字をくらべてみよう

日本の人口は東京都の人口の約何倍だろう。
資料を参考に，最も近いものを，次から選ぼう。

2倍　　5倍　　10倍　　　（　　　　）

資料	
東京都の人口	1405万人
全国の人口	1億2614万人

(2020年)　(2022/23年版「日本国勢図会」)

答え▶6ページ

4 中部地方

標準 レベル

 トライ しよう

1 次の地図を見て，あとの表中の◯◯にあてはまる言葉を書きましょう。

▼新潟県の自然と産業

新潟市 ［県庁所在地］
越後平野 米づくり
佐渡島
小千谷市 小千谷ちぢみ
信濃川 長さ日本一
山形県
福島県
栃木県
富山県　長野県　群馬県

▼富山県の自然と産業

富山湾 ほたるいか漁
新潟県
長野県
石川県
富山市 ［県庁所在地］
岐阜県
薬の生産

▼石川県の自然と産業

輪島市 輪島塗
朝市
能登半島
金沢市 ［県庁所在地］
兼六園
富山県
福井県
岐阜県

新潟県	県庁所在地	① ◯◯◯◯ 市
	自然	●日本で最も長い ② ◯◯◯◯ 川が流れている。 ●沖合の ③ ◯◯◯◯ 島では，トキを人工飼育している。
	産業	● ④ ◯◯◯◯ 平野で米づくり，コシヒカリなどのブランド米。 ●伝統的工芸品… ⑤ ◯◯◯◯ ちぢみ（織物の一種）。
富山県	県庁所在地	⑥ ◯◯◯◯ 市…薬の生産がさかん。
	自然	●北は富山湾に面し，ほかの三方は山に囲まれている。
	産業	●富山平野…米づくり。砺波平野…チューリップの球根。 ●富山湾… ⑦ ◯◯◯◯ 漁やぶり漁で有名。
石川県	県庁所在地	⑧ ◯◯◯◯ 市…日本三名園の1つの兼六園がある。
	自然	●北部に ⑨ ◯◯◯◯ 半島がつき出ている。
	産業	●金沢平野…米の出荷時期を早める早場米の産地。 ●伝統的工芸品… ⑩ ◯◯◯◯ 塗，九谷焼，加賀友禅など。

Q1 新潟県の越後平野で生産がさかんなブランド米を何という？

Q2 山梨県の甲府市で，ぶどうを原料につくられているお酒をカタカナ3字で何という？

2 次の地図を見て，あとの表中の◯◯にあてはまる言葉を書きましょう。

▼ 福井県の自然と産業

▼ 山梨県の自然と産業

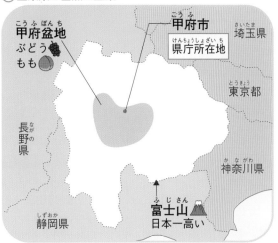

	県庁所在地	①◯◯ 市	
福井県	自然	●北部を九頭竜川が流れ，下流に福井平野が広がる。 ●②◯◯ 湾…日本を代表するリアス海岸。	
	産業	●福井平野を中心に米づくりがさかん。 ●鯖江市…日本一の③◯◯ の生産地。	

	県庁所在地	④◯◯ 市	
山梨県	自然	●海に面していない内陸県の1つ。 ●まわりを2000〜3000m級の山々に囲まれている。	
	産業	●甲府盆地…果物の⑤◯◯ とももの産地。	

ノートにまとめる

● 新潟県…北海道と1，2を争う米の産地。冬は雪が多く積もる。

● 富山県…五箇山の**合掌造り**集落〈世界文化遺産〉。

● 石川県…**輪島塗**，九谷焼，加賀友禅などの伝統的工芸品の生産がさかん。

● 福井県…鯖江市は，めがねフレームの生産で有名。

● 山梨県…果物づくりがさかんで，ぶどうとももの生産が全国有数。

4 中部地方

答え▶6ページ

標準 レベル　　トライ しよう

1 次の地図を見て，あとの表中の◯◯にあてはまる言葉を書きましょう。

▼長野県の自然と産業

▼岐阜県の自然と産業

	県庁所在地	① ◯◯◯市…善光寺の門前町として発達。
長野県	自然	●海に面していない内陸県の1つ（面積は全国4位）。 ●本州のほぼ中央にあり，「日本アルプス」とよばれる飛驒，木曽，赤石の3つの山脈が連なっている。
	産業	●長野盆地などで，りんご，ぶどう，ももなどの果物づくり。 ●野辺山原などの高原で，レタスなどの② ◯◯◯◯を生産。 ●諏訪湖のまわりでは電子部品の生産。→かつては精密機械工業。

	県庁所在地	③ ◯◯◯市
岐阜県	自然	●海に面していない内陸県の1つ。 ●南西部に濃尾平野が広がり，揖斐川，長良川，木曽川の3つの川が流れる。→下流にてい防で囲まれた輪中が見られる。
	産業	●飛驒高地…特産品の飛驒牛。 ●長良川…④ ◯◯◯◯によるあゆ漁が有名。 ●多治見市，土岐市…陶じ器（焼き物）の生産。 ●岐阜市，大垣市…衣服の生産がさかん。

Q3 1600年に今の岐阜県でおこった，天下を二分した戦いを何という？

Q4 静岡県で，県庁所在地の静岡市よりも人口が多いのは何市？

2 次の地図を見て，あとの表中の◯◯にあてはまる言葉を書きましょう。

▽静岡県の自然と産業

▽愛知県の自然と産業

静岡県	県庁所在地	① ◯◯市
	自然	●西部…② ◯◯湖でうなぎの養しょく。 ●東部…伊豆半島には温泉があり，観光地として人気。
	産業	●牧ノ原…③ ◯◯の生産。 ●④ ◯◯漁港…まぐろ，かつおの水あげが多い。

愛知県	県庁所在地	⑤ ◯◯市
	自然	●西部には濃尾平野が広がっている。 ●南部には⑥ ◯◯半島と渥美半島がつき出ている。
	産業	●渥美半島では，メロンや⑦ ◯◯を生産。 ●⑧ ◯◯市…自動車の生産台数が日本一。

ノートにまとめる

● 長野県…諏訪湖のまわりの岡谷市や諏訪市では，かつて精密機械工業が発達。

● 岐阜県…県の北部には白川郷の**合掌造り集落**〈世界文化遺産〉が残る。

● 静岡県…茶，みかんの生産は，どちらも全国有数。

● 愛知県…工業の生産額は全国１位。野菜，果物，花を中心に農業もさかん。

❶ 次の地図を見て，あとの各問いに答えましょう。

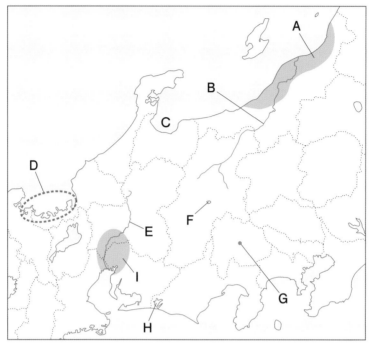

(1) 地図中のA，Iは中部地方を代表する平野です。A，Iの平野の名前をそれぞれ書きましょう。

A（　　　　　　　　　　） I（　　　　　　　　　　）

(2) 地図中のBは日本で最も長い川，Eは「うかい」で有名な川です。B，Eの川の名前をそれぞれ書きましょう。

B（　　　　　　　　　　） E（　　　　　　　　　　）

(3) 地図中のCの湾でとれる県の特産品を，次から選びましょう。（　　　　）

　⑦　たい　　④　ほたるいか　　⑦　わかめ　　⑤　かき

(4) 地図中のDのような海岸地形を何といいますか，書きましょう。

（　　　　　　　　　　）

(5) 地図中のFの湖の名前を，次から選びましょう。

　⑦　浜名湖　　④　中禅寺湖　　⑦　諏訪湖　　⑤　霞ケ浦　（　　　　）

(6) 地図中のGは県庁所在地です。この都市の名前を書きましょう。

（　　　　　　　　　　）

(7) 地図中のHでの養しょくが有名な水産物の名前を書きましょう。

（　　　　　　　　　　）

❷ 次の表を見て，あとの各問いに答えましょう。

▼果物の都道府県別の生産順位

	X	Y	ぶどう	もも
1位	和歌山県	青森県	Z	Z
2位	ⓐ静岡県	ⓘ長野県	長野県	福島県
3位	愛媛県	岩手県	山形県	長野県
4位	熊本県	山形県	岡山県	山形県

(2020年)　　　　　　　　　　　　(2022/23年版「日本国勢図会」)

(1) 表中のXとYにあてはまる果物の名前を，それぞれ書きましょう。

X（　　　　　　　）　Y（　　　　　　　）

(2) 表中のZに共通してあてはまる，中部地方の県の名前を書きましょう。

（　　　　　　　　　）

(3) 表中の下線部ⓐの県で生産がさかんな農産物を，次から選びましょう。

㋐ 米　㋑ 大豆　㋒ 茶　㋓ 小麦　　　　（　　　　）

(4) 次のグラフは，表中の下線部ⓘの県とその他の都道府県の東京市場へのレタスの出荷量を示しています。グラフから読み取れる，ⓘの県の出荷時期の特ちょうを書きましょう。

（　　　　　　　　　　　　　　　　　　　　　　　　　　　　　）

8000(t)
その他の都道府県
6000
ⓘの県
4000
2000
0
1　2　3　4　5　6　7　8　9　10　11　12(月)
(2021年)　　　　　　　　(東京中央卸売市場資料)

💡思考力トレーニング　品種名から考えよう

①，②は，長野県で生産がさかんな果物の品種名です。それぞれ，どんな果物のものか書きましょう。

① 秋映　シナノスイート　シナノゴールド　　（　　　　　）

② クイーンルージュ　シナノスマイル
ナガノパープル　　　　　　　　　　　　（　　　　　）

めざせ　社会の博士❷

茶と大豆

🔍 茶の歴史

日本に中国から茶が伝わったのは，今から1200年ほど前のことです。そのころの茶はぜいたく品で，身分の高い人しか飲むことができなかったそうです。多くの人に飲まれるようになったのは，今から400年ほど前のことです。そして今では，日本人になくてはならない飲み物になっています。

●茶の種類

かんそうや発こうのさせ方のちがいで，さまざまな種類の茶になります。

▼緑茶　　　　　　　　▼ウーロン茶　　　　　　▼紅茶

●茶の産地

日本では寒さのきびしい北海道をのぞき，さまざまな地域でつくられています。茶がつくられ始めたのは中国ですが，ヨーロッパで紅茶がよく飲まれるようになると，インドやスリランカなど南アジアの国々でつくられるようになり，今ではケニアなどのアフリカの国でもつくられています。

▼世界のおもな茶の産地

トルコ

中国

ベトナム

インド

スリランカ

ケニア

日本の国内では，静岡県や鹿児島県が代表的な産地

🔍 大豆からつくられるもの

　日本をはじめとする東アジアの国々では，大豆はさまざまな食品に加工され，利用されています。しかし，その他の地域では，油の原料として利用されることが多いようです。大豆からつくられる食品には，みそやしょうゆ，なっとうやとうふなどがあります。このような食品のなかでも，大豆を発こうさせてつくるみそとしょうゆは，日本人に欠かすことのできない調味料です。

▼みそができるまで

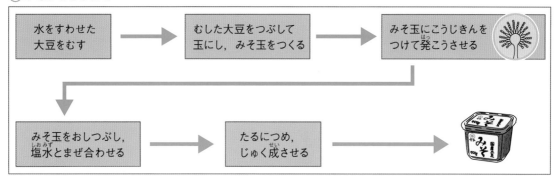

| 水をすわせた大豆をむす | → | むした大豆をつぶして玉にし，みそ玉をつくる | → | みそ玉にこうじきんをつけて発こうさせる |

| みそ玉をおしつぶし，塩水とまぜ合わせる | → | たるにつめ，じゅく成させる |

▼しょうゆができるまで

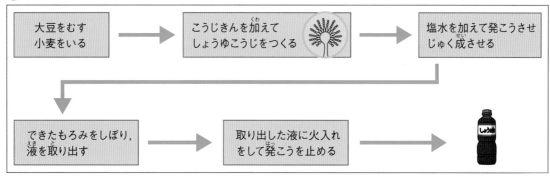

| 大豆をむす小麦をいる | → | こうじきんを加えてしょうゆこうじをつくる | → | 塩水を加えて発こうさせじゅく成させる |

| できたもろみをしぼり，液を取り出す | → | 取り出した液に火入れをして発こうを止める |

●やってみよう

　みその生産が多い長野県と愛知県を▢，しょうゆの生産が多い千葉県と兵庫県を▢で正しく示した地図を，次から選びましょう。

（　　　）

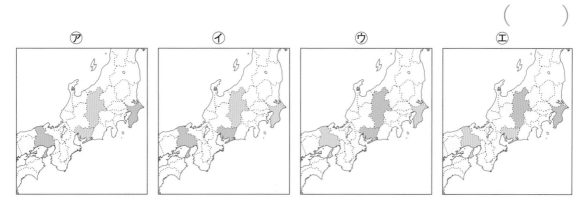

ⓐ　　　　　　　ⓘ　　　　　　　ⓤ　　　　　　　ⓔ

5 近畿地方

標準レベル トライしよう

1 次の地図を見て，あとの表中の◯◯にあてはまる言葉を書きましょう。

▼三重県の自然と産業

▼滋賀県の自然と産業

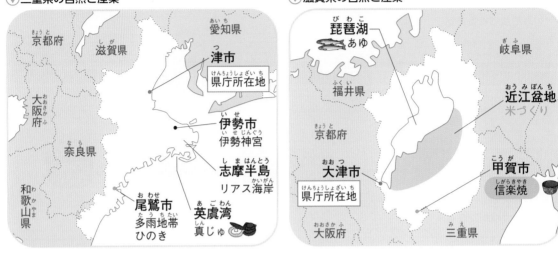

	県庁所在地	① ___ 市…人口は四日市市の方が多い。
三重県	自然	●南東部にリアス海岸が続く ② ___ 半島。 ●北部の海岸ぞいの平野をのぞくと山がち。 　→南西部にはけわしい紀伊山地がある。
	産業	●特産品の松阪牛。 ● ③ ___ 市…多雨地帯でひのきの産地。 ●英虞湾… ④ ___ の養しょく。
滋賀県	県庁所在地	⑤ ___ 市…京都市とさかいを接している。
	自然	●海に面していない内陸県の１つ。 ● ⑥ ___ 湖…日本最大の湖。→県の面積のおよそ6分の1。
	産業	● ⑦ ___ 盆地で米づくりがさかん。 ●琵琶湖… ⑧ ___ の養しょく。 ●伝統的工芸品…甲賀市の ⑨ ___ 焼。

もの知り
クイズ
Q1 琵琶湖でとりのぞいている，もともと日本にいなかったブラックバスなどを何という？
Q2 奈良市の奈良公園で見られる，国の天然記念物に指定されている野生動物は？

2 次の地図を見て，あとの表中の◯にあてはまる言葉を書きましょう。

▼奈良県の自然と産業

▼京都府の自然と産業

奈良県	県庁所在地	① 　　　　　市…大仏で有名な東大寺がある。
	自然	●海に面していない**内陸県**の１つ。 ●山がちの地形で，北部に**奈良盆地**。南部にはけわしい**紀伊山地**。
	産業	● ② 　　　　　すぎ。●大和郡山市… ③ 　　　　　の養しょく。

京都府	府庁所在地	④ 　　　　　市…大津市とさかいを接している。日本の古い都。
	自然	●北は日本海に面し， ⑤ 　　　　　半島がつき出ている。 ●中部に**丹波高地**が広がっている。
	産業	●宇治市… ⑥ 　　　　　の生産がさかん。 ●伝統的工芸品の ⑦ 　　　　　織， ⑧ 　　　　　焼など。

ノートにまとめる

● 三重県…真じゅ，のり，かきなどの養しょくがさかん。伊勢神宮がある。
● 滋賀県…琵琶湖は近畿地方の水げんで，**ラムサール条約**の登録地。
● 奈良県…かきの生産がさかん。法隆寺や東大寺があり，観光客が多い。
● 京都府…長く都が置かれていた京都市は，国際観光都市となっている。

5　近畿地方

答え▶7ページ

 標準 レベル  トライ しよう

1 次の地図を見て，あとの表中の◯にあてはまる言葉を書きましょう。

▼大阪府の自然と産業　　　　　　　▼兵庫県の自然と産業

	府庁所在地	① ◯市…東京に次いで**商業**がさかん。 →江戸時代には「天下の台所」とよばれていた。
大阪府	自然	●面積が2番目に小さい都道府県だが，人口は全国3位。 ●大部分を② ◯平野がしめる。 →北部を③ ◯川が流れている。
	産業	●商業や工業がさかんで，④ ◯湾ぞいの地域には大きな工場が，内陸部には小さな工場が集まっている。

	県庁所在地	⑤ ◯市…日本を代表する貿易港がある。 →1995年の阪神・淡路大震災で多くのひ害。
兵庫県	自然	●北は日本海，南は⑥ ◯海に面している。 ●北部と中部には中国山地が広がっている。
	産業	●淡路島…⑦ ◯などの生産がさかん。 ●中国山地で但馬牛の放牧が行われている。 ●日本海でずわいがにやいか類が多くとれる。 ●豊岡市…⑧ ◯の生産で有名。

2 次の地図を見て，あとの表中の◯◯◯にあてはまる言葉を書きましょう。

▼ 和歌山県の自然と産業

【和歌山県太地町】
　和歌山県の南東部に位置する町。古くから漁業がさかんで，日本のほげい発しょうの地（くじらをとることが始まった土地）として全国的に知られている。町には，くじらの博物館やほげい船資料館など，くじらに関係するし設がある。

	県庁所在地	① ◯◯◯◯ 市
和歌山県	自然	●本州の南のはしで，**紀伊半島の南西部**に位置する。 ●平地が少なく，大部分を**紀伊山地**がしめる。
	産業	●あたたかい気候を利用した果物づくりがさかん。 　→紀ノ川ぞい…② ◯◯◯◯ やかき。 　③ ◯◯◯◯ 川ぞい…みかん。 　みなべ町や田辺市…④ ◯◯◯◯ 。 ●林業がさかん　●伝統的工芸品…紀州漆器や紀州たんす。 ●勝浦漁港…⑤ ◯◯◯◯ の水あげが多い。

ノートにまとめる

● **大阪府**…西日本の政治，経済，文化の中心地で，商業や工業がさかん。
● **兵庫県**…近畿地方で最も農業がさかんな県。
　→播磨平野の米，淡路島のたまねぎ，中国山地の牛の放牧など。
● **和歌山県**…あたたかい気候を利用した果物づくりがさかん。
　→みかんの生産量は全国有数。かき，うめの生産量は日本一。

答え▶8ページ

ハイ レベル マスターしよう

1 次の地図を見て,あとの各問いに答えましょう。

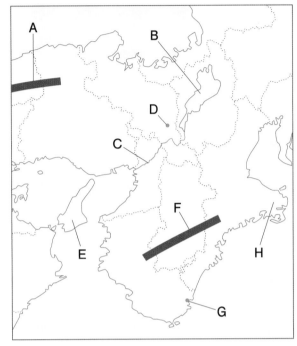

(1) 地図中のAの山地の北部で放牧されている牛を何といいますか,次から選びましょう。（　　）
　⑦ 米沢牛　　④ 但馬牛　　⑦ 近江牛　　④ 松阪牛

(2) 地図中のBの湖の名前,Bの湖から流れ出て大阪湾に注ぐ,地図中のCの川の名前をそれぞれ書きましょう。
　　　　　　　B（　　　　　　　　　　）　C（　　　　　　　　　　）

(3) 地図中のDの都市の伝統的工芸品を,次から選びましょう。（　　）
　⑦ 信楽焼　　④ 輪島塗　　⑦ 西陣織　　④ 小千谷ちぢみ

(4) 地図中のEの島,地図中のFの山地の名前をそれぞれ書きましょう。
　　　　　　　E（　　　　　　　　　　）　F（　　　　　　　　　　）

(5) 地図中のGの漁港で水あげが多い魚を,次から選びましょう。（　　）
　⑦ まぐろ　　④ さけ　　⑦ あゆ　　④ ます

(6) リアス海岸が見られる,地図中のHの半島の名前を書きましょう。
　　　　　　　　　　　　　　　　　　　　　　　　　（　　　　　　　　　　）

(7) (6)の半島の南部にある英虞湾では,あこや貝を使って何を養しょくしていますか。書きましょう。
　　　　　　　　　　　　　　　　　　　　　　　　　（　　　　　　　　　　）

もの知りクイズの答え
Q1 外来魚
Q2 シカ
Q3 関西国際空港
Q4 備長炭

Q2 奈良公園のシカは，人になれているけど野生動物だよ。シカたちは，公園内の植物を主食としており，自力で生活しているよ。

❷ 次の表を見て，あとの各問いに答えましょう。

A		B		C	
都道府県	生産高(トン)	都道府県	生産高(t)	都道府県	生産高(t)
和歌山県	167100	和歌山県	40500	和歌山県	41300
愛媛県	119800	奈良県	27700	群馬県	5190
静岡県	112500	福岡県	14700	―	―
その他	366400	その他	110300	その他	24610

(2020年)

(2022/23年版「日本国勢図会」)

(1) 表中のA〜Cにあてはまる果物の名前を，それぞれ書きましょう。

A（　　　　　　）　B（　　　　　　）　C（　　　　　　）

(2) 表中の和歌山県と奈良県について説明した文を，次からそれぞれ選びましょう。

和歌山県（　　　）　奈良県（　　　）

㋐ 県の南部で，吉野すぎとよばれる質のよい木材の生産が行われている。

㋑ 南部の尾鷲市は，日本を代表する多雨地帯として知られている。

㋒ 北は日本海，南は瀬戸内海の2つの海に面している県である。

㋓ 人口は全国3位で，工場や家などが多く，農業はさかんではない。

㋔ 本州の最も南にある県で，平地は少なく，ほとんどが山地である。

㋕ 南部の宇治市では茶の生産がさかんで，宇治茶として有名である。

㋖ 海に面していない内陸県の1つで，近江盆地で米づくりがさかんである。

🍋 思考力トレーニング　図を見て考えよう

　みどりさんは，関西国際空港が，右の図のような場所につくられたわけをいくつか考えました。次のうち，まちがっていると思われるものはどれですか。

㋐ 空港をつくるには広い土地が必要だったから。

㋑ 空港を使う人が電車で行き来するのに便利だったから。

㋒ 飛行機が発着するときの音で空港のまわりの人がこまらないようにしたかったから。

地図中の線はすべて鉄道路線を示す。

関西国際空港

(地理院地図より)

答え▶9ページ

6 中国・四国地方

標準 レベル　　トライ しよう

1 次の地図を見て，あとの表中の◯◯にあてはまる言葉を書きましょう。

▽鳥取県の自然と産業

▽島根県の自然と産業

▽岡山県の自然と産業

	県庁所在地	① ◯◯◯ 市
鳥取県	自然	●北東部…② ◯◯◯（代表的な砂浜海岸） ●南部…中国山地があるため山がち。
	産業	●鳥取平野…らっきょう，ながいも生産。 ●③ ◯◯◯ 港…日本海側で最も水あげ高が多い。
	県庁所在地	④ ◯◯◯ 市
島根県	自然	●北東部…⑤ ◯◯◯ 湖と中海の湖，沖合に隠岐諸島がある。 ●南部…中国山地があるため山がち。
	産業	●中国山地や隠岐諸島…肉牛の放牧が行われている。 ●宍道湖…⑥ ◯◯◯ 漁で有名。
	県庁所在地	⑦ ◯◯◯ 市…日本三名園の1つの後楽園がある。
岡山県	自然	●北部に中国山地，中部に吉備高原が広がる。 ●瀬戸内海に面した南部に岡山平野が広がる。
	産業	●岡山平野…米の他，ぶどうやももの生産。 ●伝統的工芸品…⑧ ◯◯◯ 焼。●倉敷市…工業がさかん。

Q1 年に一度，日本中の神様が集まるといわれている島根県の神社はどこ？

Q2 広島湾で養しょくがさかんな「かき」は，海の何とよばれている？

2 次の地図を見て，あとの表中の □ にあてはまる言葉を書きましょう。

▼広島県の自然と産業

▼山口県の自然と産業

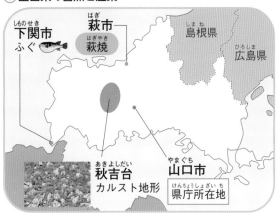

広島県	県庁所在地	① _____ 市…世界で最初に原子爆弾が投下された。		
	自然	●北部に中国山地，中部に吉備高原が広がる。 ●南部は瀬戸内海に面し，多くの島がある。		
	産業	●瀬戸内海の島… ② _____ でみかんの生産。 ●広島湾… ③ _____ の養しょく。		

山口県	県庁所在地	④ _____ 市		
	自然	●全体的に山がち。●カルスト地形で知られる ⑤ _____ がある。		
	産業	●下関市… ⑥ _____ の取りあつかい量が多い。 ●伝統的工芸品… ⑦ _____ 焼。		

ノートにまとめる

● 鳥取県…鳥取砂丘などの自然。日本なしの産地として有名。
● 島根県…大田市の石見銀山遺跡が世界文化遺産に登録されている。
● 岡山県…学生服の生産がさかんで，国産ジーンズの発しょうの地でもある。
● 広島県…広島市は，国際平和文化都市として世界的に有名。
● 山口県…石灰岩でできたカルスト地形で知られる秋吉台がある。

答え▶9ページ

標準 レベル  トライ しよう

1 次の地図を見て，あとの表中の◯にあてはまる言葉を書きましょう。

▼徳島県の自然と産業

▼香川県の自然と産業

徳島県	県庁所在地	① ◯◯◯市…② ◯◯◯で有名。
	自然	●北部を③ ◯◯◯が流れている。 ●鳴門海峡は④ ◯◯◯が見られることで有名。
	産業	●吉野川の中流や下流の地域…野菜づくりがさかん。 　→れんこん，さつまいも，にんじんなど。 ●発光ダイオード（LED）の生産が全国1位。 ●名産品…すだち，しいたけ，わかめ。

香川県	県庁所在地	⑤ ◯◯◯市
	自然	●日本で最も面積が小さい都道府県。 ●南部には讃岐山脈が東西に連なり，北部に讃岐平野。
	産業	●讃岐平野…米づくりが中心。 　→水不足に備えてつくられた⑥ ◯◯◯が多い。 ●⑦ ◯◯◯…オリーブの産地として有名。 ●伝統的工芸品…丸亀市の丸亀⑧ ◯◯◯が有名。

【別名のある川】関東地方を流れる利根川には「坂東太郎」，九州地方を流れる筑後川には「筑紫次郎」，四国地方を流れる吉野川には「四国三郎」の別名があります。これらの3つの川は，古くから，こう水が多い「暴れ川」の代表とされてきました。

2 次の地図を見て，あとの表中の◯にあてはまる言葉を書きましょう。

▼愛媛県の自然と産業

▼高知県の自然と産業

	県庁所在地	① _____ 市…日本最古とされる道後温泉がある。
愛媛県	自然	●海岸部の平地をのぞき，四国山地が連なっている。
	産業	●西部の海岸部のだんだん畑で ② _____ の生産。 ●宇和海で ③ _____ やたいの養しょく。 ●今治市… ④ _____ の生産で有名。

	県庁所在地	⑤ _____ 市
高知県	自然	●北部に四国山地が連なる山がちな県。 ●南西のはし…足摺岬　●南東のはし… ⑥ _____
	産業	●高知平野で野菜の ⑦ _____ がさかん。ゆず。 ●伝統的工芸品…土佐和紙が有名。

ノートにまとめる

● 徳島県…鳴門市は兵庫県神戸市と明石海峡大橋・大鳴門橋でつながる。

● 香川県…坂出市は岡山県倉敷市と瀬戸大橋でつながる。

● 愛媛県…今治市は広島県尾道市と瀬戸内しまなみ海道でつながる。

● 高知県…四国最長の四万十川は，水のきれいな川（清流）として知られる。

答え▶9ページ

★★★ ハイ レベル マスターしよう

1 次の地図を見て，あとの各問いに答えましょう。

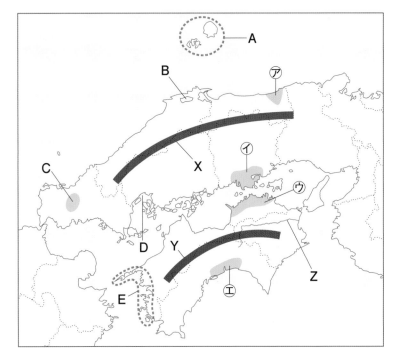

(1) 地図中のXとYの山地，Zの川の名前をそれぞれ書きましょう。

X（　　　　　　　　　） Y（　　　　　　　　　） Z（　　　　　　　　　）

(2) 地図中のAの島々をあわせて何といいますか，次から選びましょう。

（　　　）

㋐ 歯舞群島　　㋑ 隠岐諸島　　㋒ 伊豆諸島　　㋓ 奄美群島

(3) 地図中のBの湖で漁がさかんなものを，次から選びましょう。

（　　　）

㋐ ほたて貝　　㋑ のり　　㋒ しじみ　　㋓ わかめ

(4) 地図中のCの秋吉台に見られる地形を何といいますか，書きましょう。

（　　　　　　　）

(5) 地図中のDの湾で養しょくがさかんなものの名前を書きましょう。

（　　　　　　　）

(6) 地図中のEの地域の山のしゃ面に見られる，かいだんのような形をした畑を何といいますか，書きましょう。

（　　　　　　　）

(7) なすやピーマンなどの野菜の早づくりがさかんな平野を，地図中の㋐〜㋓から選びましょう。

（　　　）

❷ 次の表は，地図中の①〜④の各県の農業生産額と工業生産額を示したものです。表と地図を正しく読み取っているものを，あとの㋐〜㋓から選びましょう。

（　　　）

県	農業生産額 (億円)(2020年)	工業生産額 (億円)(2019年)
①	1190	98047
②	764	7868
③	1226	43303
④	1113	5953

(2022/23年版「日本国勢図会」)

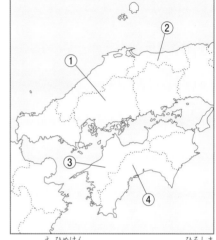

㋐　広島県と高知県の農業生産額はほぼ同じぐらいで，愛媛県の工業生産額は広島県の半分ほどである。

㋑　広島県と愛媛県の農業生産額はほぼ同じぐらいで，高知県の工業生産額は広島県の半分ほどである。

㋒　愛媛県と高知県の農業生産額はほぼ同じぐらいで，鳥取県の工業生産額は愛媛県の半分ほどである。

㋓　愛媛県と高知県の農業生産額はほぼ同じぐらいで，広島県の工業生産額は愛媛県の半分ほどである。

💡 思考力トレーニング　写真を見て考えよう

四国の川には，右の写真のような，らんかん（人や車が川に落ちないようにするさく）のない橋があるよ。らんかんがないのは，何に対するくふうかな，次から選ぼう。

日照り	こう水	地震	強風

（　　　　）

7 九州地方

標準 レベル

トライ
しよう

① 次の地図を見て，あとの表中の◯◯にあてはまる言葉を書きましょう。

▼佐賀県の自然と産業

玄界灘
福岡県
伊万里市
伊万里焼
唐津市
唐津焼
筑紫平野
佐賀市
県庁所在地
長崎県
のり
有明海
有田町
有田焼
熊本県

▼福岡県の自然と産業

福岡市
県庁所在地
山口県
玄界灘
北九州市
工業がさかん
筑紫山地
佐賀県
大分県
筑後川
筑紫平野
有明海
久留米市
久留米がすり
熊本県

	県庁所在地	① ◯◯市
佐賀県	自然	●北は玄界灘，南は② ◯◯に面する。 ●東部に広がる筑紫平野など，平地が多い県。
	産業	●小麦や大豆のほか，野菜や果物の生産もさかん。 ●②…③ ◯◯の養しょく。 ●伝統的工芸品…④ ◯◯，伊万里焼，唐津焼の生産。
福岡県	県庁所在地	⑤ ◯◯市…九州地方の政治，経済，文化の中心。
	自然	●中央部になだらかな筑紫山地が連なる。 ●⑥ ◯◯平野を⑦ ◯◯川が流れている。 ●関門海峡をはさんで，山口県と向かい合う。
	産業	●⑥平野…いちごや小麦，大豆の生産。 ●⑧ ◯◯市→古くから九州地方の工業の中心都市。 ●伝統的工芸品…⑨ ◯◯がすり（織物）

2 次の地図を見て，あとの表中の◯◯にあてはまる言葉を書きましょう。

▼長崎県の自然と産業

▼熊本県の自然と産業

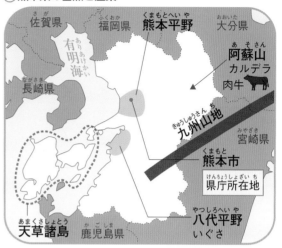

長崎県	県庁所在地	① ___ 市…江戸時代には外国との交流の窓口。
	自然	●② ___ 岳…活動が活発な火山。●島が多い。
	産業	●豊かな漁場で③ ___ やさば，ぶり，たいは全国有数の水あげ高。大村湾で真じゅの養しょく。
熊本県	県庁所在地	④ ___ 市
	自然	●北西部…熊本平野などの平地が広がる。 ●⑤ ___ 山…火山。世界有数のカルデラ。
	産業	●熊本平野で米づくり。トマト，すいかやメロンの生産。 ●八代平野…たたみ表の原料の⑥ ___ の産地。

ノートにまとめる

● 佐賀県…有田焼，伊万里焼，唐津焼の伝統的工芸品が世界的に有名。
● 福岡県…九州地方の政治，経済，文化の中心で工業がさかん。
● 長崎県…島の数が最も多い都道府県で，海岸線の長さでは全国2位。
● 熊本県…農業がさかんで，トマトやなす，すいか，メロンなどを生産。

答え ▶ 10ページ

標準 レベル ✦✦✦✦✦

トライ
しよう

1 次の地図を見て，あとの表中の◯にあてはまる言葉を書きましょう。

▼ 大分県の自然と産業

▼ 宮崎県の自然と産業

	県庁所在地	① _____ 市	
大分県	自然	●山がちな地形…北西部になだらかな**筑紫山地**，南部にけわしい**九州山地**。 ●南部の海岸…入りくんだ**リアス海岸**。 ●② _____ 市などに温泉が多い。 →地熱発電。	▼ 別府温泉
	産業	●米の他，野菜やしいたけなどの生産。 →ほしいたけの生産では全国1位。 ●③ _____ 市…林業がさかんで，すぎ材の産地。	
宮崎県	県庁所在地	④ _____ 市	
	自然	●北部〜西部…けわしい九州山地が連なる。 ●1年を通して気温が高く，南部の日南海岸では，暑い土地でしか育たない植物が見られる。	
	産業	●⑤ _____ 平野…野菜の⑥ _____ がさかん。 →きゅうり，ピーマンの生産。 ●ぶたや肉牛，にわとりの飼育。	

もの知りクイズ
- **Q3** 大分県が生産高全国1位のかんきつ類（みかんのなかま）は何？
- **Q4** 1543年に，鹿児島県の種子島に伝わった武器は何？

2 次の地図を見て，あとの表中の◯にあてはまる言葉を書きましょう。

▼鹿児島県の自然と産業

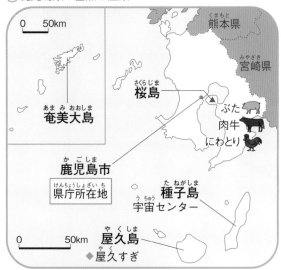

▼沖縄県の自然と産業

鹿児島県	県庁所在地	① ◯◯市
	自然	●火山灰土のシラス台地。桜島のふん火で灰がふる。 ●② ◯◯島…世界自然遺産。屋久すぎ。
	産業	●シラス台地は田に向かず，さつまいも，茶の生産。 ●ぶた，肉牛は全国有数の飼育数。
沖縄県	県庁所在地	③ ◯◯市
	自然	●約160の島からなり，豊かな自然にめぐまれている。 →美しいさんごしょうやめずらしい動物。
	産業	●さとうきびやパイナップル・マンゴーの生産。 ●豊かな自然や独自の文化を生かした観光業。

ノートにまとめる

- ●大分県…温泉の数が多い。林業がさかん。
- ●宮崎県…野菜の早づくりがさかん。ぶたや肉牛の飼育。
- ●鹿児島県…シラス台地。ぶたや肉牛，にわとりの飼育。
- ●沖縄県…琉球王国の時代の文化。アメリカ軍のし設が集中。

▼シラス台地

7 九州地方

答え ▶ 10ページ

★★★ ハイ レベル ‥‥‥‥‥ マスターしよう

① 次の地図を見て，あとの各問いに答えましょう。

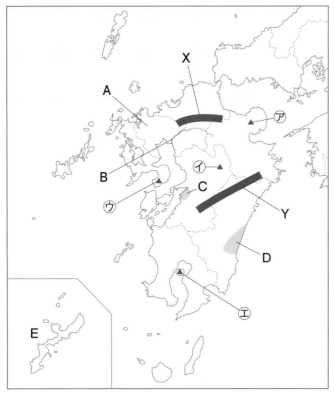

資料

カルデラとは，火山のふん火でできた火口のまわりのくぼ地。

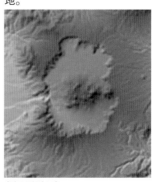

（地理院地図）

(1) 地図中のXとYの山地の名前をそれぞれ書きましょう。

X（　　　　　　　　）　Y（　　　　　　　　）

(2) 地図中のAの県の伝統的工芸品としてあやまっているものを，次から選びましょう。
（　　　）
　⑦　唐津焼　　⑦　有田焼　　⑨　伊万里焼　　⑦　砥部焼

(3) 地図中のBの川の名前を書きましょう。　　　　　（　　　　　　　　）

(4) 地図中のCの平野で生産がさかんなたたみ表の原料の名前を書きましょう。
（　　　　　　　　）

(5) 地図中のDの平野で生産がさかんな野菜を，次から選びましょう。（　　　）
　⑦　はくさい　　⑦　キャベツ　　⑨　きゅうり　　⑦　レタス

(6) 地図中のEの県でさかんな，豊かな自然や独自の文化を生かした産業を，次から選びましょう。
（　　　）
　⑦　観光業　　⑦　商業　　⑨　林業　　⑦　伝統工業

(7) 資料の世界有数のカルデラで知られる阿蘇山を，地図中の⑦〜⑦から選びましょう。
（　　　）

❷ 次の表は，肉牛とぶたの都道府県別の飼育数を示したものです。表中のXとYに共通してあてはまる，九州地方の県名をそれぞれ書きましょう。

X（   ） Y（   ）

肉牛		ぶた	
都道府県	飼育数（頭）	都道府県	飼育数（頭）
北海道	535800	X	1234000
X	351100	Y	796900
Y	250000	北海道	724900
熊本県	134700	群馬県	643500
その他	1332400	その他	5890700

（2021年）   （「データでみる県勢」2022年版）

💡 思考力トレーニング   資料から考えよう

資料1

資料2

資料3

資料1の火山がふん火して，どのようなひ害がおきていますか。資料2，資料3をもとに考えられることを2つ書いてみましょう。

8 地図記号と地形図

標準 レベル　　　トライしよう

1 あとの図を見て，□にあてはまる言葉を書き，表を完成させましょう。

方位	●四方位…北・西・南・東の４つの方位。 ●八方位…四方位に北西・南西・①□・南東を加えた８つの方位。 　　　→西と東の前にそれぞれ北と②□をつけてくわしく表す。 ●地図はふつう，上を③□にしてえがかれている。 　　　→④□を用いて方位が示される場合もある。
しゅくしゃく	●2万5千分の1，5万分の1など，実際のきょりを，どれぐらいちぢめたのかを表したもの。
等高線	●等高線…同じ⑤□の土地を結んだ線。 ●等高線の性質 　　　→その土地のかたむきは等高線と等高線の間が広いほど， 　　　⑥□で，間がせまいほど，⑦□になる。

▼方位と方位記号

●四方位と八方位　　　●方位記号

北西　北　北東
西　　　　東
南西　南　南東

北

※方位記号がない場合，地図は上が北。

▼等高線

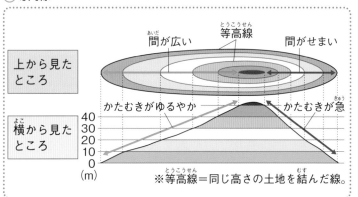

間が広い　等高線　間がせまい

上から見たところ

かたむきがゆるやか　かたむきが急

横から見たところ

40
30
20
10
0
(m)

※等高線＝同じ高さの土地を結んだ線。

しゅくしゃくの計算の例

【問題】2万5千分の1の地図上の長さ４cmは，実際には何kmになりますか。

（考え方）実際のきょりを2万5千分の1にちぢめて地図上に表しているので，
実際のきょりを求めるには，地図上の長さを2万5千倍すればよい。

（式）4cm × 25000 ＝ 100000cm ＝ 1000 m ＝ 1km　　　　　（答え）1km

もの知り
クイズ

Q1 2万5千分の1や5万分の1の地形図をつくっているのは何という機関かな？

Q2 等高線は何の高さを0mとしているかな？

2 あとの資料を見て，□にあてはまる言葉を書きましょう。

①

②

③

④

⑤ マツやスギなどの細くとがった葉をもつ木でできた森林

⑥

⑦

⑧ サクラやブナなどの広くて平らな葉をもつ木でできた森林

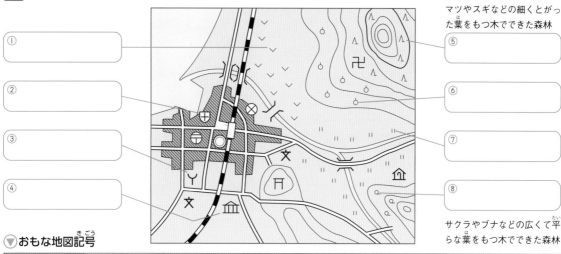

▼おもな地図記号

土地利用	" " "	田	∨ ∨ ∨	畑	୦ ୦ ୦	果樹園
	∴ ∴	茶畑	∧ ∧ ∧	針葉樹林	୦ ୦ ୦	広葉樹林
	心 心 心	竹林				
建物・し設	▨	建物	◎	市役所	○	町・村役場
	⊗	警察署	✕	交番	Ｙ	消防署
	⊖	郵便局	文	小・中学校	⊗	高等学校
	⊞	病院	开	神社	卍	寺院
	📖	図書館	🏛	博物館・美術館		老人ホーム

ノートにまとめる

● 方位…地図ではふつう，上が北。

　→方位記号で示される場合もある。

● しゅくしゃく…実際のきょりをどれぐらいちぢめたかを表す。

● 等高線…同じ高さの土地を結んだ線。

　→等高線と等高線の間が広いほど土地のかたむきはゆるやか，

せまいほど急になる。

●四方位と八方位

北西　北　北東
西　　　　東
南西　南　南東

8 地図記号と地形図

答え▶12ページ

✦✦✦ **ハイ** レベル ‥‥‥‥‥‥‥ マスターしよう

❶ 次の地形図を見て，あとの各問いに答えましょう。

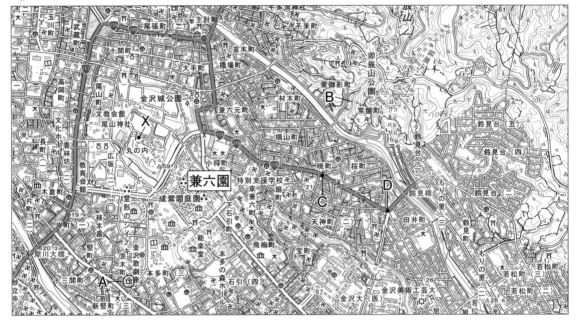

（国土地理院発行　2万5千分の1地形図　平成27年「金沢」）

(1) 地形図中の**X**地点から見ると 兼六園 はおよそどの方角にありますか，八方位
で答えましょう。　　　　　　　　　　　　　　　（　　　　　　　　　）

(2) 地形図中の**A**の地図記号が表しているし設の名前を書きましょう。
　　　　　　　　　　　　　　　　　　　　　　　（　　　　　　　　　）

(3) 地形図中に地図記号で示されている建物のうち，最も数が多いものは何ですか。
　　　　　　　　　　　　　　　　　　　　　　　（　　　　　　　　　）

(4) 地形図中の**B**は，同じ高さの土地を結んだ線です。この線を何といいますか。
　　　　　　　　　　　　　　　　　　　　　　　（　　　　　　　　　）

(5) この地形図は，実際のきょりを2万5千分の1にちぢめて表されています。こ
のような，実際のきょりをどれぐらいちぢめたのかを表す言葉を何といいますか。
　　　　　　　　　　　　　　　　　　　　　　　（　　　　　　　　　）

(6) 地形図中の**C**地点から**D**地点までは2cmです。実際のきょりは何mになりま
すか，次から選びましょう。　　　　　　　　　　（　　　　　　　　　）

　　⑦　250m　　⑦　500m　　⑦　750m　　⑤　1000m

(7) この地形図は何という県の一部を表したものですか。県名を書きましょう。
　　　　　　　　　　　　　　　　　　　　　　　（　　　　　　　　　）

❷ 等高線について，次の各問いに答えましょう。

(1) 例にならって，等高線が示す地形を横から見た図を完成させましょう。

(例)

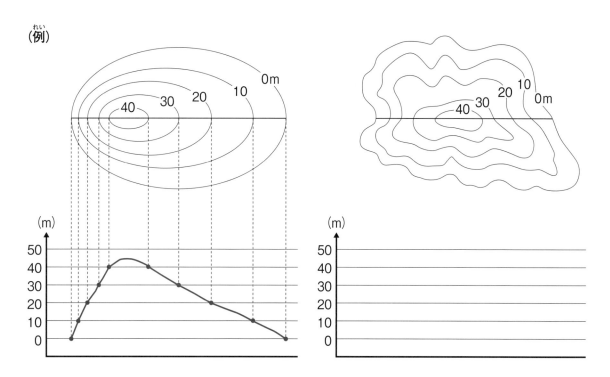

(2) 等高線と土地のかたむきにはどのような関係がありますか，「ゆるやか」という言葉を用いて，簡単に書きましょう。

(　　　　　　　　　　　　　　　　　　　　　　　　　　　　　　　)

思考力トレーニング 5万分の1の地図と2万5千分の1の地図

1まいの5万分の1の地図が示している土地の広さを，同じ大きさの2万5千分の1の地図で示すには何まいの地図が必要になるかな。次から選ぼう。

| 2まい　4まい　6まい　8まい |

!ヒント
2万5千は5万の半分だから，同じ大きさの地図でも，示すことができる広さは，たても横もそれぞれ半分になるよ。

答え▶13ページ

9 昔と今の地形図

・・・・◆・◆・✦ 標準 レベル ・・・・・・ トライ しよう

1 次の昔と今の鳥取市の地形図をくらべ，あとの会話文中の◯にあてはまる言葉をあとの ◯◯ から選んで書きましょう。

▽昔(1932年)の鳥取市のようす

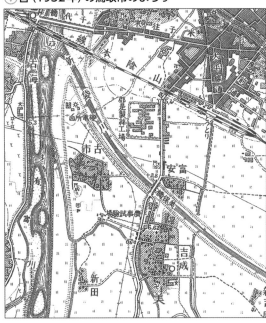

▽今(2019年)の鳥取市のようす

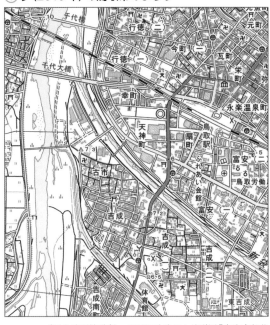

(国土地理院発行　2万5千分の1地形図「鳥取南部」)

はるこ：川には新しい ①◯◯◯ がかけられているね。

あきお：②◯◯◯ の線路には大きな変化は見られないね。でも ③◯◯◯ は広くなったり，新しくつくられたりしているよ。自動車が増えたからかな。

はるこ：そうかもしれない。土地利用では ④◯◯◯ が減って，⑤◯◯◯ がすごく増えているね。

あきお：そうだね。⑥◯◯◯ が増えたからかな。昔とくらべてどのくらい増えたのか調べてみたいね。

田　畑　建物　橋　人口　道路　川原　鉄道　工場

もの知りクイズ

Q1 江戸時代に，今のものとほとんど変わらない正確な日本地図をつくったのはだれ？

Q2 地図アプリで，自分の居場所がわかるしくみをアルファベット３文字で何という？

2 次の昔と今の函館市の地形図をくらべ，海ぞいの地域の変化についてまとめました。あとの文章中の◯にあてはまる言葉を書きましょう。

▼ 昔（1968年）の函館市のようす

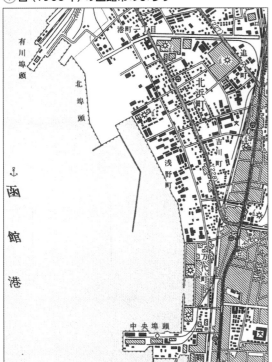

▼ 今（2017年）の函館市のようす

（国土地理院発行　２万５千分の１地形図「函館」）

北埠頭※にはフェリー発着所ができ，①◯◯◯◯と建物がつくられている。

また，新しく②◯◯◯◯ふ頭がつくられ，港の整備が進んでいる。

※埠頭＝荷物のつみおろしや人ののりおりのため，船を横づけできるように，海につき出すようにつくられているところ。

ノートにまとめる

● 市のようすの移り変わりを調べるときは，変わったこと変わらないことの両方に着目するようにする。

　▶ 変わったことの例…新しい建物・道路，土地利用の変化　など。

　▶ 変わらないことの例…神社や寺院の場所，鉄道が通っている場所　など。

● 市のようすが移り変わった理由を考える。

　→交通の発達，地域の開発，人口の増加などがかかわっている。

9 昔と今の地形図

答え▶13ページ

★★★ ハイ レベル ……… マスターしよう

❶ 次の２つの地形図は，佐賀市内の1964年と2021年の同じ場所を示したものです。２つの地形図から読み取れる，この場所に見られる変化について説明したあとの各文の内容が正しければ○，あやまっていれば×を書きましょう。

▼1964年の佐賀市内

▼2021年の佐賀市内

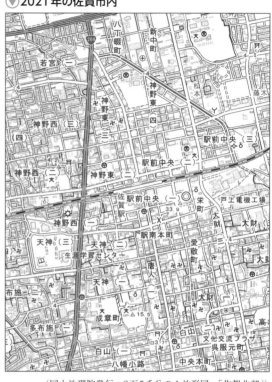

(国土地理院発行　２万５千分の１地形図　「佐賀北部」)

(1) 線路を直線化する工事が行われ，それにともない「さが駅」が北へ移転している。

（　　）

(2) 「さが駅」の近くにあった市役所が，「さが駅」からはなれた場所へ移転している。

（　　）

(3) 「大和紡績」という大きな工場のあとに，図書館が建てられている。

（　　）

(4) 田が広がっていた線路の北には，新しい道路がつくられ，家が建ちならんでいる。

（　　）

(5) 線路の南側にあった多くの寺院は，すべて移転してひとつも残っていない。

（　　）

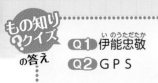

Q1 伊能忠敬（1745～1818年）は，50才になってから江戸（今の東京）に出て天文学や測量の方法を学び，1800年から16年もの長い年月をかけて全国を測量して歩き，正確な日本地図を初めてつくったよ。

❷ 次の２つの地形図は，京都駅のまわりの1923年と今の同じ場所を示したものです。２つの地形図をくらべて，あとの各問いに答えましょう。

▽1923年の京都駅のまわりのようす

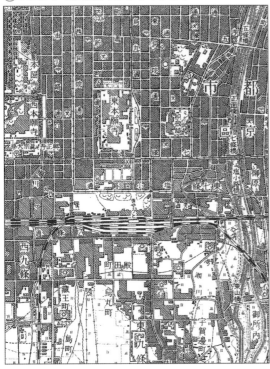

▽今の京都駅のまわりのようす

（国土地理院発行　２万５千分の１地形図「京都東南部」）

(1)　２つの地形図をくらべて，土地利用でおきた大きな変化を書きましょう。

（　　　　　　　　　　　　　　　　　　　　　　　　）

(2)　２つの地形図をくらべて変わっていないことを，「川の流れ」以外で書きましょう。

（　　　　　　　　　　　　　　　　　　　　　　　　）

💡思考力トレーニング　地形図を見て考えよう

　上の地形図を見ると，［　　　　　　　　］ことから，京都は計画的につくられた都市であることがわかるね。［　　　　　　　］にあてはまる内容を書こう。

（　　　　　　　　　　　　　　　　　　　　　　　　　　　　　　　　　）

55

10 昔の国名

標準 レベル　　トライしよう

1 次の地図を見て，あとの文章中の◯◯にあてはまる言葉や数字を書きましょう。

▼日本の昔の国名（1868年）

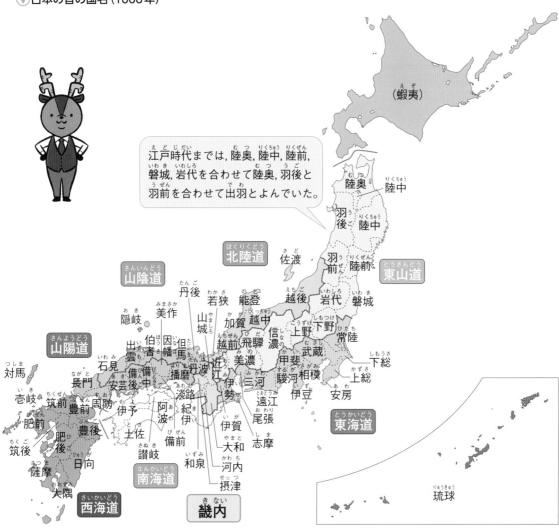

江戸時代までは，陸奥，陸中，陸前，磐城，岩代を合わせて陸奥，羽後と羽前を合わせて出羽とよんでいた。

　都道府県が置かれる前の日本は，① ◯◯◯◯◯ と，東海道などの② ◯◯◯◯◯ つの道に大きく分けられ，それらがさらに国に分けられていました。国と今の都道府県とは完全には重なりません。また今の③ ◯◯◯◯◯ は蝦夷，④ ◯◯◯県 は琉球とよばれ，日本の正式な区域にはふくまれないと考えられていました。

Q1 今でも使われることがある，おおまかに東北地方を意味する言葉を何という？

Q2 江戸時代に藩とよばれる領地を治めていた人を何という？

2 昔の国と今の都道府県について，p56の地図を参考に次の各問いに答えましょう。

(1)　次の昔の国は，1国でほぼそのまま今の県となっているものです。◯にあてはまる県名を書きましょう。

下野 → ① ◯県　　信濃 → ⑤ ◯県　　讃岐 → ⑨ ◯県

上野 → ② ◯県　　近江 → ⑥ ◯県　　伊予 → ⑩ ◯県

越中 → ③ ◯県　　大和 → ⑦ ◯県　　土佐 → ⑪ ◯県

甲斐 → ④ ◯県　　阿波 → ⑧ ◯県　　肥後 → ⑫ ◯県

(2)　次の県は，昔のいくつかの国がいっしょになって，今の県になっています。◯にあてはまる昔の国名をひらがなで書きましょう。

静岡県 ← 伊豆 ＋ ① ＋ 遠江

三重県 ← ② ＋ 志摩 ＋ 伊賀 ＋ 紀伊

兵庫県 ← 丹波 ＋ ③ ＋ 播磨 ＋ 淡路 ＋ 摂津

鳥取県 ← 伯耆 ＋ ④

福岡県 ← ⑤ ＋ 筑後 ＋ 豊前

ノートにまとめる

● 都道府県が置かれる前の日本…畿内と七道（7つの道）に分けられていた。

　→畿内と七道は68の国（江戸時代からは73の国）に分けられていた。

　▶畿内…天皇が住む都とそのまわりの地域のこと。

　▶七道…東山道，北陸道，東海道，山陰道，山陽道，南海道，西海道の7つ。

● 昔の国名は，今でも，全国の地名や名産品などの名前に数多く残っている。

10 昔の国名

答え▶14ページ

✦✦✦ ハイ レベル ·········· マスターしよう

❶ 次の地図は，各地の名産品や祭りを示しています。(①)～(⑨)にあてはまる昔の国の名前を，ひらがなで書きましょう。

① (　　　　　　　) ② (　　　　　　　) ③ (　　　　　　　)

④ (　　　　　　　) ⑤ (　　　　　　　) ⑥ (　　　　　　　)

⑦ (　　　　　　　) ⑧ (　　　　　　　) ⑨ (　　　　　　　)

(⑤)うどん

(②)ちりめん

(①)友禅

(⑧)そば

(⑨)いも

(③)紙

(④)えび

(⑥)おどり

(⑦)かん

Q2 江戸（今の東京）に幕府とよばれる機関が置かれたよ。全国は幕府の領地と大名の領地に分けられ，大名の領地は藩とよばれたよ。藩は260ほどあり，のちにこれらがまとめられて県になったよ。

❷ 次の地図中に示された昔の国名は，何によって決められていると考えられますか，「畿内」という言葉を用いて書きましょう。

(　　　　　　　　　　　　　　　　　　　　　　　　　　　　　　)

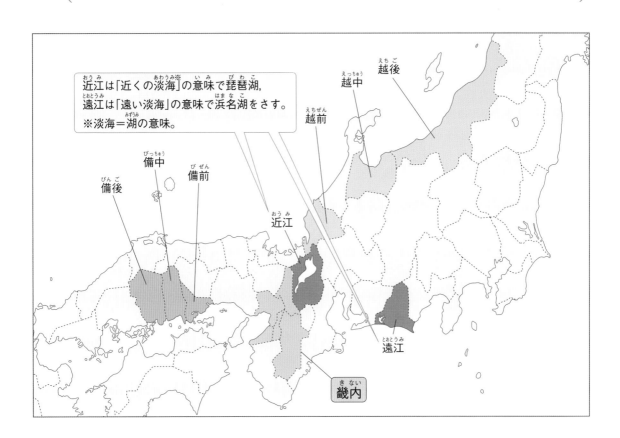

近江は「近くの淡海※」の意味で琵琶湖，
遠江は「遠い淡海」の意味で浜名湖をさす。
※淡海＝湖の意味。

越後
越中
越前
備中
備後
備前
近江
遠江
畿内

💡思考力トレーニング　資料や文章から読み取ろう

昔の人は歩いて旅をして，1日に30〜40kmも歩いたそうだよ。右の地図中の東海道を江戸から京都まで行くのにどのくらいかかったかな。およその日数を次から選ぼう。

| 7日 | 14日 | 30日 | 60日 |

東海道の地域を通る街道（道路）も東海道とよばれている。

東海道
（約500km）
江戸
京都

特集 **めざせ　社会の博士❸**

答え▶14ページ

伝統的工芸品

🔍 **伝統工業**

古くから用いられてきた原料や材料を使い，受けつがれてきた技術によって，おもに手づくりで製品をつくる工業。

●**伝統工業でつくられる製品の例**

焼き物（陶じ器）	織物・そめ物	塗り物（漆器）	その他
ねん土などで形をつくり，焼いた物。	糸を織ってつくった布。織物をせん料でそめた物。	うるしを塗った，おわんやおぼんなどの木の製品。	和紙，筆，人形，こけし，仏だん，刃物など。

●**伝統工業の問題点**

▶あとつぎが育ちにくい…技術を身につけるのに長い時間が必要なため。

　→技術がとだえてしまう心配がある。

▶うるしや生糸などの原料や材料が国内で手に入りにくくなっている。

　→外国からの輸入にたよっている。

●**伝統的工芸品**

伝統工業をこれからも大切に守っていくために，伝統工業の製品で，特に品質がすぐれたものを，国が伝統的工芸品に指定します。指定を受けると国や都道府県からほ助金をもらうことができ，伝統証紙という右のようなマークをつけることができます。

【**伝統的工芸品の指定条件**】
●ふだんの生活で使われている製品であること。
●主要な部分は「手づくり」でつくられていること。
●技術や原料，材料が100年以上，受けつがれていること。
●地域で産業として成り立っていること。

このマークがついていると，国がみとめた伝統的工芸品であるとわかるよ。

●各地のおもな伝統的工芸品

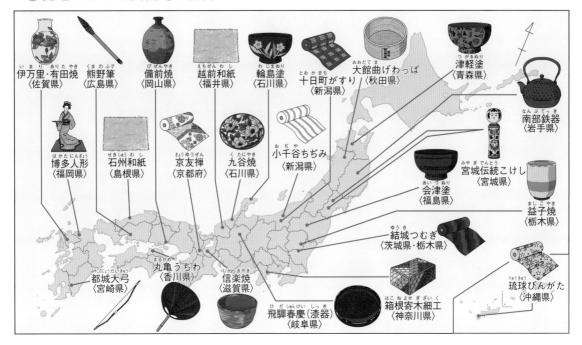

●やってみよう

次の地図は，おもな伝統的工芸品の産地を示したものです。地図中の（　①　）～
（　⑫　）にあてはまる言葉を，あとからそれぞれ選びましょう。

①（　　　　）②（　　　　）③（　　　　）④（　　　　）⑤（　　　　）⑥（　　　　）
⑦（　　　　）⑧（　　　　）⑨（　　　　）⑩（　　　　）⑪（　　　　）⑫（　　　　）

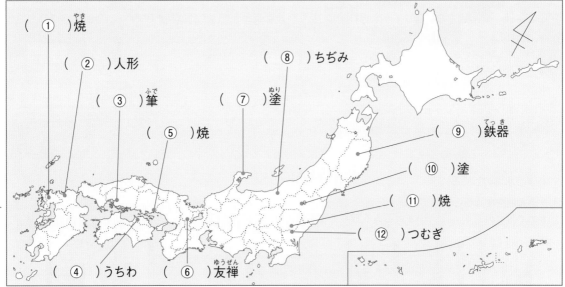

⑦ 京
⑧ 小千谷
⑨ 会津
⑩ 博多
⑪ 結城
⑫ 益子
⑬ 南部
⑭ 有田
⑮ 丸亀
⑯ 備前
⑰ 輪島
⑱ 熊野

11 上下水道のしくみ

標準 レベル　　　　　　トライ
しよう

1 あとの資料を見て，次の文章中の◯にあてはまる言葉を書きましょう。

　海や川からじょう発した水は，大気中で雲となり雨をふらせます。山にふった雨水は ① ◯ にたくわえられ，少しずつ流れ出て，地下水や川となります。

　川の水は，上流につくられた ② ◯ にたくわえられ，下流へと流されます。

　川の下流を流れる水の一部は ③ ◯ から取り入れられ， ④ ◯ に送られます。ここでは，取り入れた水からごみやすなを取りのぞいたあと，塩素という薬品を使って ⑤ ◯ し，飲み水（水道水）がつくられています。

　つくられた飲み水（水道水）は，水道管を通って家庭や学校，工場などへ送られます。使われてよごれてしまった水は，下水管を通って ⑥ ◯ に集められ，きれいにしてから川や海へもどされます。

▼水がめぐるようす

▼じょう水場のしくみ

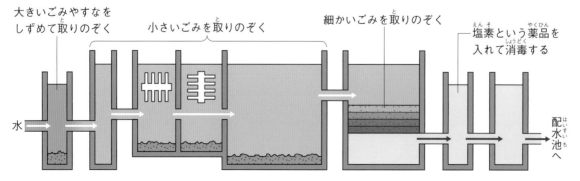

もの知り クイズ

Q1 森林は雨水をたくわえるはたらきから「緑の○○」とよばれる。○○に入る言葉は何？

Q2 水が自然の中をめぐり続けることを水の何という？

---

2 次のA〜Cは，水を大切にするための取り組みについてまとめたものです。あとの資料を参考にして，各問いに答えましょう。

> **A** 水の使用量を減らす **B** 水を再利用する **C** 水をよごさない

(1) AとBの取り組みを合わせて何といいますか，ひらがな4字で書きましょう。

（　　　　　　　　）

(2) A〜Cの取り組みとしてあやまっているものを，次から選びましょう。

（　　　　　　　　）

　⑦ 食器をあらうときは，せんざいを使いすぎないようにする。

　④ 水まきをするときは，たくわえておいた雨水を使うようにする。

　⑦ ふろでシャワーを使うときは，お湯の温度をなるべく高くする。

　① せんたくはなるべくまとめてして，せんたくする回数を減らす。

▽ **水を大切にするための取り組みの例**

節水	●トイレの水は，大と小のレバーを使い分けて流す。 ●車をあらうときは，水をバケツにくんで使うようにする。 ●歯をみがくときは，水を出したままにしないようにする。 ●ふろの残り湯は流さず，せんたくなどに使うようにする。 ●米のとぎじるはすてず，庭の木や花にやるようにする。
水を よごさない	●台所のはい水口にネットをつけ，ごみが流れないようにする。 ●油よごれは，新聞紙などにすいこませて，燃えるごみとして出す。

※節水＝水を使う量をできるだけ少なくすること。水を節約すること。

ノートにまとめる

● 森林…ふった雨水をたくわえ，少しずつ流し出す。

　　　　→水げんを守るはたらきがあるため，人の手による保全が大切。

● ダム…川の上流にある，水をたくわえるためのし設。

　　　　→水不足に備えて水をたくわえ，川の水量を調節する。

● じょう水場…飲み水（水道水）をつくるためのし設。

　　　　→川から取り入れた水をきれいにしてから配水池に送る。

● 下水処理場…よごれた水をきれいにしてから川や海にもどすし設。

11 上下水道のしくみ

答え▶15ページ

✦✦✦ **ハイ** レベル ･･･････ マスターしよう

❶ 次のグラフを見て，あとの各問いに答えましょう。

▼岡山市の人口の変化

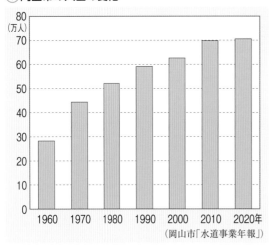

（岡山市「水道事業年報」）

▼岡山市の年間配水量の変化

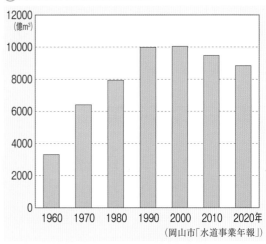

（岡山市「水道事業年報」）

(1) 岡山市の1960年と2020年の人口をくらべると，およそ何万人増えていますか。
　　　　　　　　　　　　　　　　　　　　　　　　　　（　　　　　）

(2) 岡山市の年間配水量が最も少なかった年と最も多かった年をくらべると，およそ何倍に増えていますか。次から選びましょう。　　　（　　　　　）

　　⑦　２倍　　　⑦　３倍　　　⑦　４倍　　　⑦　５倍

(3) 2000年から2020年にかけて，岡山市の人口や年間配水量はどのように変化してきていますか。次から選びましょう。　　　　　　　（　　　　　）

　　⑦　人口と年間配水量のどちらも増え続けている。

　　⑦　人口はおよそ70万人まで減ったが，年間配水量は増え続けている。

　　⑦　人口と年間配水量のどちらも減り続けている。

　　⑦　人口はおよそ70万人まで増えたが，年間配水量は減り続けている。

(4) (3)の変化がおきた理由を調べるのに必要な資料としてふさわしいものを，次から選びましょう。　　　　　　　　　　　　　　　（　　　　　）

　　⑦　岡山市の人口１人あたりの水の使用量の変化

　　⑦　岡山市にふる雨の量の変化

　　⑦　岡山市以外の市の水道料金の変化

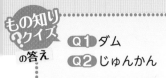

❷ 次の図を見て，あとの各問いに答えましょう。

▼水の利用

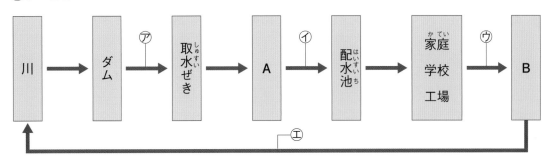

(1) 図中のダムはどのようなはたらきをするか，書きましょう。

（　　　　　　　　　　　　　　　　　　　　　）

(2) 次の⑤〜⑧は，図中のAのし設で行われる作業です。これらの作業を行われる順番にならべかえたとき，4番目になるものを選びましょう。

（　　　）

⑤ 薬品を用いて消毒する。　　　⑥ 小さなごみを取りのぞく。
⑦ 細かいごみを取りのぞく。　　⑧ 大きなごみやすなを取りのぞく。

(3) 図中のBのし設の名前を書きましょう。　　　（　　　）

(4) 最もよごれた水が流れているところを，図中の⑦〜⑤から選びましょう。

（　　　）

💡思考力トレーニング　森林のはたらきを考えよう

森林には自然災害を防ぐはたらきがあるよ。どんな自然災害かな。右の資料を参考にして，次から選ぼう。

| 地震　　つなみ　　こう水 |

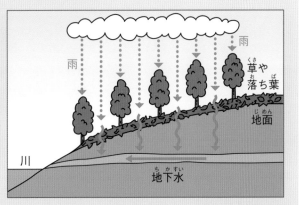

65

12 ごみのしまつ

＋＋＋ **標準** レベル ＋＋＋

トライ
しよう

1 あとの資料を見て，次の文章中の◯にあてはまる言葉を書きましょう。

　ごみを種類ごとに分けることを ① [　　　] といいます。ごみの分け方は地域ごとにちがいがありますが，生ごみや紙くずなどの燃えるごみ，われたガラスなどの燃えないごみ，家具や自転車などの ② [　　　] ごみ，びんやかん，ペットボトルや新聞紙などの ③ [　　　] ごみなどに分けられています。

　燃えるごみは，クリーンセンターで燃やされ，処理されます。燃え残った灰は，④ [　　　] 処分場へ運ばれます。その他の燃えないごみ，②ごみ，③ごみは ⑤ [　　　] センターでさらに細かく分けられ，利用できるものは工場へ運ばれて新しい製品の原料となります。

🔻ごみの種類分け（分別）の例

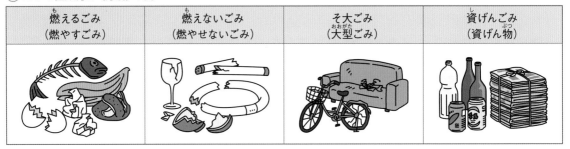

🔻ごみのゆくえ

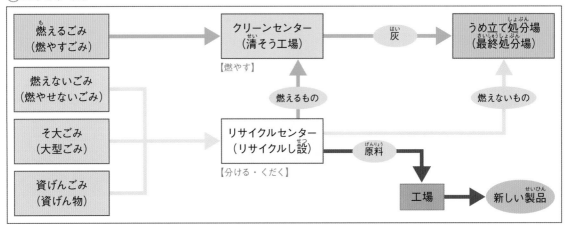

2 次のA～Cは，ごみを減らすための取り組みについてまとめたものです。あとの資料を参考にして，各問いに答えましょう。

A ごみの発生を減らす　B くり返し使用する　C 資げんとして再利用する

(1) A～Cの取り組みを合わせて何といいますか，カタカナ６字で書きましょう。

（　　　　　　）

(2) Bの取り組みにあてはまると考えられるものを，次から選びましょう。

（　　　　　　）

㋐ ペットボトルは，資げんとして決められた日に決められた場所に出す。

㋑ 買い物のときにレジ袋をもらったり，買ったりしない。

㋒ いらなくなったものはすてずに，ほしい人にゆずる。

㋓ からになった牛乳パックはきれいにあらって回収ボックスに入れる。

▼ごみを減らす３Ｒの取り組み

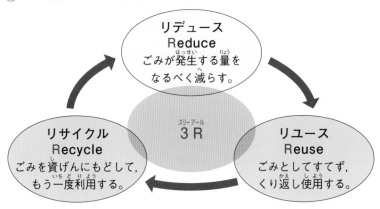

【リサイクルの例】
　資げんごみのうち，かんは新しいアルミ製品や鉄製品，新しいかんの原料となる。びんからは新しいびんが，牛乳パックなどの古紙からは再生紙がつくられる。ペットボトルは新しいペットボトルの他，衣類の原料となる。

ノートにまとめる

◉ ごみの分別…ごみを種類ごとに分けること（リサイクルしやすくするのが目的）。
　　　　　→燃えるごみ，燃えないごみ，そ大ごみ，資げんごみなど。
◉ 燃えるごみ…クリーンセンター（清そう工場）で処理される。
　　　　　→燃え残った灰は，うめ立て処分場（最終処分場）へ
◉ ３Ｒ　▶リデュース…ごみが発生する量をなるべく減らす。
　　　　▶リユース……ものをごみとしてすてず，くり返し使用する。
　　　　▶リサイクル…ごみを資げんにもどして，もう一度利用する。

2章 住みよいくらし
12 ごみのしまつ

答え ▶16ページ

・・・・・・・・・・・・・・・・・・・・・・・・・ **ハイ** レベル ・・・・・・・・・・・・・・・ マスター しよう

❶ 次のグラフと表を見て，あとの各問いに答えましょう。

▼札幌市のごみの量の変化

(札幌市資料)

▼札幌市の家庭から出るごみの量の内わけ

ごみの種類		ごみの量 (t)
X	燃やせるごみ	254807
㋐	燃やせないごみ	13876
㋑	大型ごみ	12139
㋒	びん・かん・ペットボトル	35429
㋓	容器包そうプラスチック	31755
	雑がみ	20620
	その他	20758

(2021年)　　　　　(札幌市資料)

(1) 札幌市のごみの量はどのように変化してきていますか，次から選びましょう。

（　　　）

　㋐　家庭から出るごみも家庭以外から出るごみも増え続けている。
　㋑　家庭から出るごみは増え続け，家庭以外から出るごみは減り続けている。
　㋒　家庭から出るごみの変化は小さく，家庭以外から出るごみは近年減っている。
　㋓　家庭から出るごみも家庭以外から出るごみも減り続けている。

(2) 表中の**X**のごみについて，次の各問いに答えましょう。
　① **X**のごみを燃やしたあとに残る灰は，どのように処理されますか，書きましょう。
　（　　　　　　　　　　　　　　　　　　　　　　　　　）

　② 札幌市の家庭から出るごみの量をさらに減らすには，**X**のごみを減らすことが重要だと考えられます。その理由を，表を読み取って書きましょう。
　（　　　　　　　　　　　　　　　　　　　　　　　　　）

(3) リサイクルするために集められているごみの種類を，表中の㋐～㋓から2つ選びましょう。　　　　　　　　　　（　　　・　　　）

(4) (3)のごみをリサイクルしてつくられる新しい製品としてあやまっているものを，次から選びましょう。　　　（　　　）
　㋐　トイレットペーパー　㋑　びん　㋒　スチールかん　㋓　衣類

❷　次の図について，あとの各問いに答えましょう。

▼ごみを燃やして処理するし設

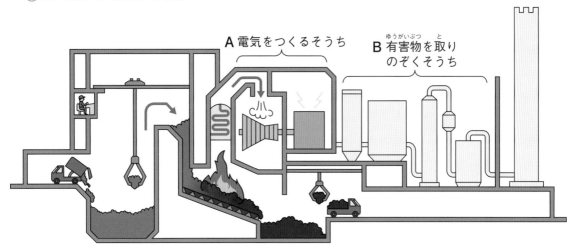

Ａ電気をつくるそうち　　Ｂ有害物を取りのぞくそうち

(1)　図のようなし設を何といいますか。

（　　　　　　　　　　）

(2)　図中のＡとＢのそうちについて説明している文を，次からそれぞれ選びましょう。

Ａ（　　　）　Ｂ（　　　）

㋐　し設のまわりの空気をよごさないようにする。

㋑　ごみの中に燃やせないものがまざっていないか調べる。

㋒　ごみを燃やすときに出るエネルギーを利用する。

㋓　たくさんのごみを短時間に高い温度で燃やす。

💡思考力トレーニング　マークを見て考えよう

　身のまわりにあるさまざまな商品には，右のようなマークがついているものが多いね。これらのマークをつけることで，どのような利点があるかな。あなたの考えを書いてみよう。

2章 住みよいくらし

答え▶17ページ

13 電気をつくる

標準 レベル　　　　　　　　　　トライしよう

1 あとの資料を参考に，次の各文が説明する発電方法を □ からすべて選びましょう。同じ記号を何度使ってもかまいません。

① [　　　]　② [　　　]　③ [　　　]　④ [　　　]　⑤ [　　　]

① 発電するときに地球温だん化の原因となる二酸化炭素を出さない。
② 燃料代はかからないが，ダムの建設に多くの費用がかかる。
③ 熱を利用し，水をふっとうさせてつくるじょう気の力で発電している。
④ 発電するときに地球温だん化の原因となる大量の二酸化炭素を発生させる。
⑤ 燃料や，はいき物のあつかいがむずかしく，事故がおこるとひ害が大きい。

> ⑦ 水力発電　　⑦ 火力発電　　⑦ 原子力発電

▼おもな発電方法とその特色

水力発電	火力発電	原子力発電
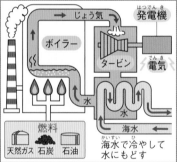		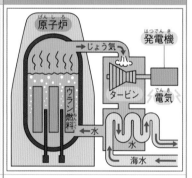
●ダムにためた水でタービン※を回して発電する。 ●燃料代がかからない。 ●ダムの建設に多くの費用がかかる。 ●二酸化炭素を出さない。	●石油，石炭，天然ガスなどを燃やして発生させた熱で発電する。 ●燃料のほとんどを輸入にたよっている。 ●二酸化炭素を多く出す。	●ウラン燃料で発生させた熱で発電する。 ●二酸化炭素を出さない。 ●事故がおこると，ひ害が大きくなる。 ●燃料や，はいき物のあつかいがむずかしい。

※タービン＝水の流れやじょう気の力を回転する動きに変えるもの。

【地球温だん化】二酸化炭素には熱がうちゅうへ放出されるのをさまたげるはたらきがあり，空気中の二酸化炭素の量が増えると地球の気温が高くなる。

2 次の各文が説明するエネルギーを，それぞれ書きましょう。

(1) すべてのエネルギーのなかで消費量は最も多いが，2000年からあとは，消費量は減ってきている。（　　　　　）

(2) 2011年におこった，発電所の大きな事故のえいきょうで，それ以前にくらべて，消費量が大きく減った。（　　　　　）

(3) 消費量はそれほど多くはないが，二酸化炭素を多く出すため，利用をやめようという意見が強まってきている。（　　　　　）

(4) 二酸化炭素を出す量が他の化石燃料にくらべて少ないこともあり，消費量は少しずつ増えてきている。（　　　　　）

▼発電量の変化

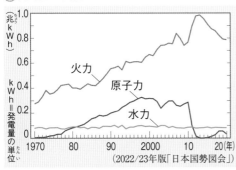

（2022/23年版「日本国勢図会」）

▼エネルギー別の消費量の変化
（単位：ペタジュール＝エネルギー量の単位）

	1990年	2000年	2010年	2020年
石油	11008	11164	8858	6543
石炭	3318	4199	4997	4419
天然ガス	2056	3059	3995	4272
水力	819	746	716	666
原子力	1884	2858	2462	328

（2022/23年版「日本国勢図会」）

【石炭】二酸化炭素を多く出すため，利用をやめるべきだという意見も少なくない。
【天然ガス】二酸化炭素を出す量が石炭や石油にくらべて少ない。

ノートにまとめる

● 水力発電…1960年ごろまでは発電の中心。
　▶ 長所…燃料代がかからず，二酸化炭素を出さない。
　▶ 短所…ダムの建設に費用がかかる。
● 火力発電…現在の発電量の大部分をしめている。
　▶ 長所…電力の大消費地の近くに発電所を建設できる。
　▶ 短所…燃料を輸入にたより，二酸化炭素を多く出す。
● 原子力発電…2011年以降に発電量が大きく減った。
　▶ 長所…二酸化炭素を出さない。
　▶ 短所…燃料やはい物のあつかいや処理がむずかしい。

【化石燃料】
　石油・石炭・天然ガスなどの，大昔の動物や植物の死がいが長い年月の間に地中で変化してできた燃料。

13 電気をつくる

答え▶17ページ

✦✦✦ ハイ レベル　　マスターしよう

❶ 火力・水力・原子力のいずれかの発電方法の特色をまとめた次の表を見て，あとの各問いに答えましょう。

	（　A　）発電	（　B　）発電	（　C　）発電
長所	発電するときに二酸化炭素を出さない。	（　②　）	大都市の近くでも発電所を建設できる。
短所	（　①　）	ダムの建設に多くの費用が必要となる。	（　③　）

(1)　表中の（　A　）〜（　C　）にあてはまる発電方法をそれぞれ書きましょう。

A（　　　　　　　）　B（　　　　　　　）　C（　　　　　　　）

(2)　表中の（　①　）〜（　③　）にあてはまる文を，次からそれぞれ選びましょう。

①（　　　　）　②（　　　　）　③（　　　　）

㋐　燃料やはいき物の取りあつかいや処理がむずかしい。

㋑　発電に適した土地に限りがあり，発電量を増やすのがむずかしい。

㋒　発電に必要な燃料のほとんどを外国からの輸入にたよっている。

㋓　燃料代がかからず，発電するときに二酸化炭素を出さない。

(3)　表中の（　A　）発電で使われている燃料を，次から選びましょう。

（　　　　）

㋐　ニッケル　　㋑　ウラン　　㋒　コバルト　　㋓　クロム

(4)　表中の（　C　）発電で使われている燃料のうち，ほかの燃料にくらべて二酸化炭素を出す量が少ないため，使用が増えてきているものは何ですか。

（　　　　）

(5)　次のグラフ中の㋐〜㋒は，表中の（　A　）発電〜（　C　）発電のいずれかの発電量の変化を示したものです。（　C　）発電を示しているものを選びましょう。

（　　　　）

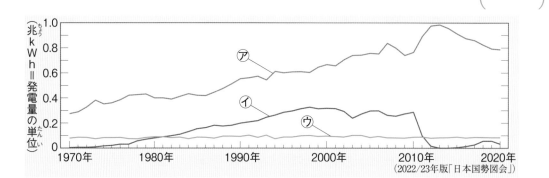

(2022/23年版「日本国勢図会」)

もの知り?クイズ の答え

Q1 変電所
Q2 東日本大震災

Q2 2011年3月11日に発生した東日本大震災にともなう津波により，福島第一原子力発電所で大量の放射性物質が外にもれる大きな事故がおき，多くの住民がひなんすることになったよ。

2 次の表を見て，あとの各問いに答えましょう。

▼おもな国の発電量の内わけ (単位：億kWh)

	水力	火力	原子力	その他
中国	13057	52228	3451	6305
アメリカ合衆国	3118	28195	8432	4173
インド	1721	12843	470	1203
ロシア	1962	7143	2085	25
カナダ	3794	1277	1013	370
ブラジル	3977	1490	162	634
ドイツ	255	3343	749	1744
フランス	616	622	3989	481

(2019年)   (2022/23年版「日本国勢図会」)

⑴　発電量の合計が最も多い国を表中から選び，その国の名前を書きましょう。

（　　　　　　　　　　　）

⑵　水力による発電量が，それ以外の発電量にくらべて多い国を，表中から2つ選び，その国の名前を書きましょう。

（　　　　　　　　　）（　　　　　　　　　）

⑶　原子力による発電量が，それ以外の発電量にくらべて多い国を，表中から1つ選び，その国の名前を書きましょう。

（　　　　　　　　　　　）

💡思考力トレーニング　地図を見て考えよう

　右の地図は，日本のおもな火力発電所の場所を示しているよ。火力発電所が海ぞいに集中しているのはどうしてかな。1つには海ぞいに大都市が多いからだね。ほかの理由を「燃料」という言葉を使って，あなたの考えを書いてみよう。

2章 住みよいくらし

答え▶18ページ

14 くらしと災害

標準 レベル　　　　　トライ しよう

1 あとの表を見て、次の文章中の◯にあてはまる言葉を書きましょう。

　　地震によって ①_____ が発生すると、海岸部で大きなひ害が出ることがあります。火山のふん火では、高温の火山灰やよう岩、火山ガスなどの混じったものが高速で流れ下る ②_____ が発生すると大変きけんです。

　　台風や大雨による災害を ③_____ といいます。また、満ち潮のときに台風におそわれると ④_____ がおこり、海岸部にひ害をもたらす場合があります。

▼おもな自然災害とその特色

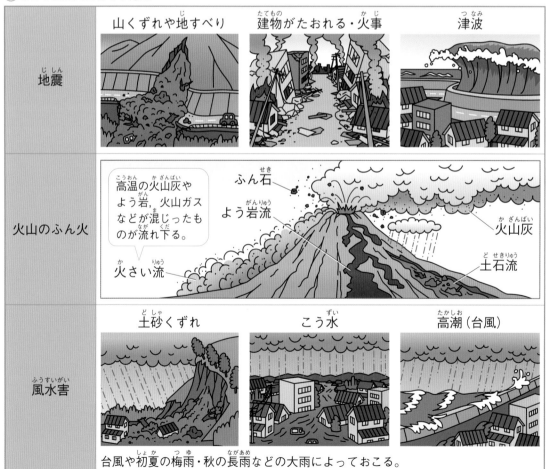

地震	山くずれや地すべり	建物がたおれる・火事	津波
火山のふん火	高温の火山灰やよう岩、火山ガスなどが混じったものが流れ下る。　ふん石　よう岩流　火さい流　火山灰　土石流		
風水害	土砂くずれ	こう水	高潮（台風）
	台風や初夏の梅雨・秋の長雨などの大雨によっておこる。		

2 あとの表を見て，次の文章中の◯にあてはまる言葉を書きましょう。

　自然災害がおこったとき，最も大切なことは自分たちの身は自分たちで守るように行動することで，これを ① ◯ といいます。次に大切なことは，地域の人たちがたがいに助け合うことで，これを ② ◯ といいます。1995年の阪神・淡路大震災で救助された人の約4分の3が，家族や近所の人に救助されています。

　市町村などが作成して住民に配られる，きけんな場所やひなん経路などを記した地図を ③ ◯ といいます。この他にも，市町村がひなん場所を定めたり，ひなん所を開いたりする取り組みを ④ ◯ といいます。

▽災害からくらしを守るための取り組み

家庭 （自助）	地震のときに家具がたおれないように金具などで固定する。 ひなんするときに持ち出すものをリュックなどに入れて準備しておく。 あらかじめ，家族がひなんする場所や集まる場所を決めておく。
地域 （共助）	自主的に防災に取り組む組織（消防団，水防団など）をつくる。 ひなん訓練や防災訓練を行い，地域で助け合うしくみをつくる。 食料や水，医薬品などをおさめた防災倉庫をつくり，管理する。
国や都道府県 市町村 （公助）	防災計画をつくり，ひなん場所を定めて住民に知らせる。 ひなん情報をまとめたパンフレット，きけんな場所やひなん経路などを記したハザードマップをつくり，住民に配る。 市町村は国や都道府県と協力し，堤防などの防災し設を整備する。

ノートにまとめる

● おもな自然災害…地震，火山のふん火，風水害，干害，冷害など。

　▶ 海岸部…地震による津波，台風による高潮のひ害を受けることがある。

　▶ 風水害…台風，初夏の梅雨，秋の長雨などが原因でおこる土砂くずれやこう水。

● 災害からくらしを守る…自分たちの身は自分で守る自助，地域で助け合う共助，市町村のほか，国や都道府県が行う公助。

　▶ ハザードマップ…きけんな場所やひなん経路・ひなん場所を記した地図。

　▶ ボランティア…自主的に災害にあった人を助ける人やその活動のこと。

14 くらしと災害

答え ▶ 18ページ

★ ★ ★ **ハイ** レベル マスターしよう

① おもな地震と台風についてまとめた次の表を見て，あとの各問いに答えましょう。

年	月	地震・台風の名前	地域	死者・ゆくえ不明者（人）	こわれた建物（戸）
1923	9	（ ① ）大震災	関東南部	約105000	約423000
1934	9	室戸台風	九州～東北	3036	92740
1945	9	枕崎台風	西日本（特に広島県）	3756	89839
1948	6	福井地震	福井平野	3769	51851
1954	9	洞爺丸台風	全国	1761	207542
1959	9	伊勢湾台風	九州をのぞく全国	5098	833965
1983	5	日本海中部地震	秋田県沖	104	3101
1995	1	（ ② ）大震災	兵庫県南部	6437	256312
2004	10	新潟県中越地震	新潟県中越地方	68	16985
2011	3	（ ③ ）大震災	三陸沖	18425	405117
2016	4	熊本地震	熊本県熊本地方	50	43386
2019	10	令和元年東日本台風	東日本	107	70652

（日本のすがた2022年版）

(1) 表中の（ ① ）～（ ③ ）にあてはまる地震の名前をそれぞれ書きましょう。

①（　　　　　　　）　②（　　　　　　　　　）　③（　　　　　　　）

(2) 表から読み取れる，台風におそれやすい時期として最もふさわしいものを，次から選びましょう。（　　　　）

　㋐ 春　　㋑ 夏　　㋒ 秋　　㋓ 冬

(3) 表を正しく読み取っている文を，次から選びましょう。（　　　　）

　㋐ 室戸台風では，九州をのぞく全国でひ害が出た。

　㋑ 日本海中部地震は，表中の地震の中ではこわれた建物の戸数が最も多かった。

　㋒ 伊勢湾台風では，5千人以上の人がなくなったり，ゆくえ不明になったりした。

　㋓ 熊本地震では，40万戸以上の建物がこわれるひ害が出た。

(4) 自然災害を防ぎ，ひ害を軽くするための対さくのうち，地震に最も関係の深いものを，次から選びましょう。（　　　　）

　㋐ 津波ひなんビルを指定する。　　　㋑ ダムやてい防をつくる。

　㋒ 土をもり上げた上に家を建てる。　㋓ 川のはばを広げる。

❷ 次の図を見て，あとの各問いに答えましょう。

▼災害が発生した場合の各機関の動き

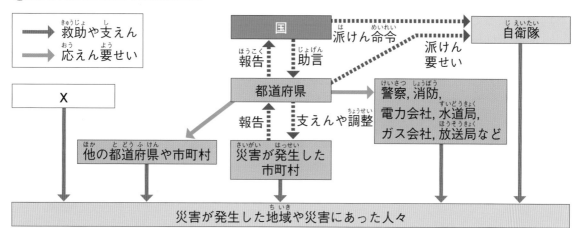

(1) 図中の **X** にあてはまる，自主的に救助活動や支えん活動を行う人々を何といいますか，カタカナ6字で書きましょう。　　（　　　　　　）

(2) 図の内容を正しく読み取っている文を，次から選びましょう。　　（　　　　）

　㋐ 各機関が市町村の助言によって，必要な救助や支えんを行っている。

　㋑ 各機関がそれぞれの判断で，必要な救助や支えんを行っている。

　㋒ 各機関が国から直接命令を受けて，必要な救助や支えんを行っている。

　㋓ 各機関がたがいに連けいして，必要な救助や支えんを行っている。

💡思考力トレーニング　災害にそなえてどんなものを用意する

　災害にそなえて用意しておくもののうち，㋐や㋑は衛生的なひなん生活をするのに役立つね。では㋒や㋓は何に役立つかな。

ために役立つ。

特集 めざせ 社会の博士④

答え▶19ページ

自然の力と発電

🔍 再生可能エネルギー
　水力, 風力, 太陽光, 地熱, バイオマス（動植物から生まれた資げん）など, 自然の営みによってつくり出され, かんきょうにやさしく, なくなる心配のないエネルギー。

●再生可能エネルギーを利用したおもな発電

🔻水力発電

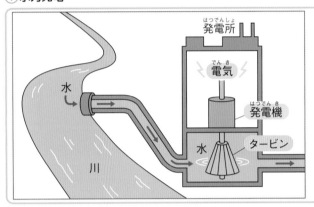

大きなダムをつくらずに, 川から水を引き, 高いところから低いところに水が落ちる力でタービンを回し, 発電する。

🔻風力発電

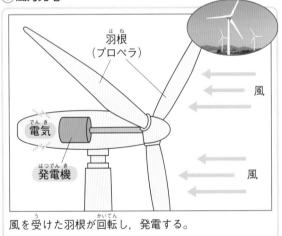

風を受けた羽根が回転し, 発電する。

🔻太陽光発電

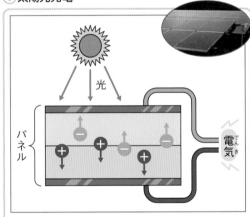

光が当たると, 電気の元の小さなつぶが動き出し, 電線でつなぐと電気が流れる。

🔻地熱発電

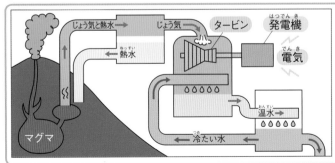

地中から取り出した熱水・じょう気の力でタービンを回し, 発電する。

●発電方法別の発電量の移り変わり

発電方法	1980年	1990年	2000年	2010年	2020年
水力	92092	95835	96817	90681	86310
火力	401967	557423	669177	771306	790020
原子力	82591	202272	322050	288230	37011
太陽光	−	1	−	22	24992
風力	−	−	109	4016	8326
地熱	871	1741	3348	2632	2114

（単位：百万kWh）　　　　　　　　　　　　　　　　　　（2022/23年版「日本国勢図会」）

●再生可能エネルギーの問題点

　再生可能エネルギーは，エネルギーがなくなる心配がなく，二酸化炭素などを出さないので地球のかんきょうにやさしいというすぐれた点があります。その反面，自然条件に左右される部分が大きいため，安定して大量の電気をつくることがむずかしく，発電設備の建設にも多くの費用がかかります。そのため，同じ量の電気をつくる場合でくらべると，火力発電などの今までの発電方法よりも費用が高くついてしまいます。

●必要な電気をむだなくつくるために

　電気をむだなくつくるには，必要な電気の量とつくる電気の量を同じにしなければなりません。しかし，再生可能エネルギーの中で発電量が最も多い太陽光発電は，天候や時間帯によって発電量が変化するため，火力発電などの発電量が調整しやすい方法を用いてバランスをとる必要があります。

▼発電量の調整

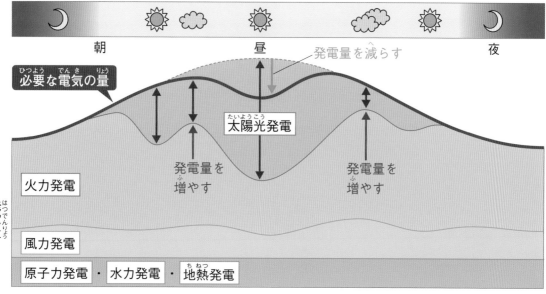

●やってみよう

(1) 次の⑦〜⑦は，発電量の多い３種類の発電所の写真です。火力発電所を選びましょう。（　　　）

⑦

⑦

⑦

(2) (1)で選んだ発電所の場所を示しているものを，次の地図⑦〜⑦から選びましょう。（　　　）

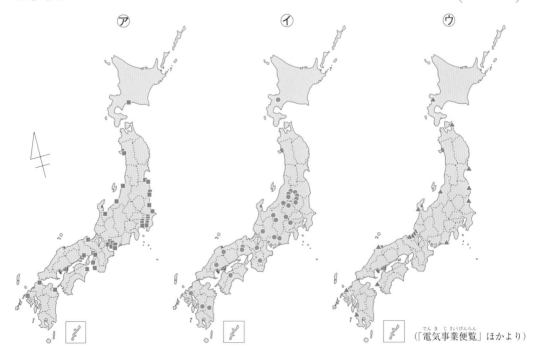

（「電気事業便覧」ほかより）

●やってみよう

次のグラフは，エネルギー別の発電量の変化を示したものです。「ノート」を参考にして，グラフ中の①〜⑥にあてはまるエネルギーを，あとの◯◯◯からそれぞれ選びましょう。

① (　　　　) ② (　　　　) ③ (　　　　) ④ (　　　　) ⑤ (　　　　) ⑥ (　　　　)

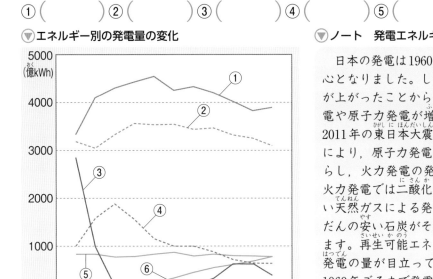

▼エネルギー別の発電量の変化

5000
(億kWh)
4000
3000
2000
1000
0
2010　　　2015　　　2020(年)

kWh＝発電量の単位
(2022年版「日本のすがた」)

▼ノート　発電エネルギーの変化

　日本の発電は1960年代に火力発電が中心となりました。しかし，石油のねだんが上がったことから，石炭による火力発電や原子力発電が増えました。その後，2011年の東日本大震災での発電所の事故により，原子力発電はその量を大きく減らし，火力発電の発電量が増えました。火力発電では二酸化炭素を出す量が少ない天然ガスによる発電量が最も多く，ねだんの安い石炭がその次に多くなっています。再生可能エネルギーでは，太陽光発電の量が目立って増えてきています。1960年ごろまで発電の中心であった水力発電の量は，近年，大きな変化は見られません。

　⑦水力　　　⑦石油　　　⑨石炭　　　⑤天然ガス　　　⑦原子力　　　⑦太陽光

●知っているかな

次の図は，利用しても二酸化炭素の増減にえいきょうをあたえない「カーボンニュートラル」という考え方にもとづく発電のしくみを示したものです。(X)に共通してあてはまる言葉をカタカナ5字で書きましょう。(　　　　　　　)

▼(X)発電のしくみ

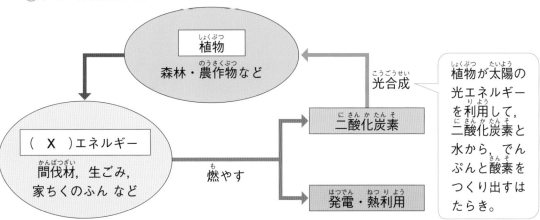

植物
森林・農作物　など

光合成

植物が太陽の光エネルギーを利用して，二酸化炭素と水から，でんぷんと酸素をつくり出すはたらき。

(X)エネルギー
間伐材，生ごみ，家ちくのふん　など

燃やす

二酸化炭素

発電・熱利用

思考力育成問題

答え▶19ページ

① なつみさんとあきおさんは，住んでいる福島県について調べ学習をしています。次の2人の会話文を読んで，あとの各問いに答えましょう。

> なつみ：わたしたちの住んでいる福島県は東北地方の最も　A　にあるね。
>
> あきお：そうだね，そして6つの県ととなりあっているね。
>
> なつみ：ええっと，東北地方の県が宮城県と　B　，中部地方の県が新潟県，関東地方の県が茨城県，栃木県，　C　であっているかな。
>
> あきお：その通り。すらすら出るのはすごいね。
>
> なつみ：福島県の人口と面積を東北地方の他の県とくらべるために資料1をつくってみたよ。
>
> あきお：これはわかりやすいね。これで見ると，福島県の人口は東北地方の中で，宮城県について2番目に多いことがわかるね。
>
> なつみ：福島県の面積は　D
>
> あきお：福島県では果物の生産がさかんだよね。どんな果物の生産がさかんなのかをE資料2にまとめてみたよ。
>
> なつみ：これもわかりやすいね。F福島県についてもっといろいろ調べてみたいな。

資料1　東北地方各県の人口と面積

- 124万人 9646km²
- 96万人 11638km²
- 121万人 15275km²
- 107万人 9323km²
- 230万人 7282km²
- 183万人 13784km²

（人口2020年，面積2021年）（2022/23年版「日本国勢図会」）

資料2　福島県で生産がさかんな果物の生産順位

果物	都道府県	生産高（t）
X	山梨	30400
	福島	22800
	長野	10300
	山形	8510
	Y 和歌山	6620
	全　国	98900
日本なし	千葉	18200
	長野	13700
	茨城	13500
	福島	12900
	栃木	11300
	全　国	170500

（2020年産）　　　　　　　　（2022/23年版「日本国勢図会」）

(1) 会話文中の　A　にあてはまる方位を，資料1の地図を参考にして，漢字1字で書きましょう。　　　　　　　　　　　　　　　　　（　　　　　　　　）

(2) 会話文中の　B　と　C　にあてはまる県名を，資料1の地図を参考にして，それぞれ書きましょう。　　　B（　　　　　　　　）　C（　　　　　　　　）

(3) 会話文中の　　　　　　　　　D　　　　　　　　　にあてはまる内容を，直前のあきおさんの発言にならって書きましょう。
（　　　　　　　　　　　　　　　　　　　　　　　　　　　　　　　　　）

(4) 会話文中の下線部Eの資料2について，次の問いに答えましょう。

① 資料2中の　X　にあてはまる果物を，次から選びましょう。（　　　）
　　ア　りんご　　イ　かき　　ウ　もも　　エ　みかん

② 日本を7つの地方に分けたとき，資料2中のYは何地方にありますか，書きましょう。　　　　　　　　　　　　　　　　　　　　（　　　　　　　　）

③ 次のア〜エの各文章は，福島県をのぞいて，日本なしのとれ高が多い4つの都道府県のいずれかについて説明したものです。長野県にあてはまるものを選びましょう。　　　　　　　　　　　　　　　　　　　　　　（　　　）

　　ア　東部には日本を代表する砂浜海岸である九十九里浜が続いている。特産品のらっかせいは，全国一の生産高がある。

　　イ　「日本アルプス」とよばれる3つの山脈が連なっている。夏でもすずしい野辺山原などでは，レタスやキャベツの生産がさかんである。

　　ウ　県庁所在地は「ぎょうざのまち」として知られている。海に面していない内陸県の1つで，いちごの生産では日本有数である。

　　エ　果物の他，大都市向けの野菜の生産がさかんである。県の南部を流れる利根川は，流域面積が日本最大の川として知られている。

(5) 会話文中の下線部Fについて，なつみさんは，福島県の伝統的工芸品について調べ，右の写真のものが，福島県でつくられている全国的に有名な伝統的工芸品であることを知りました。この伝統的工芸品を，何といいますか。次から選びましょう。

　　　　　　　　　　　　　　　　　　　　（　　　）

　ア　南部鉄器　　　　イ　輪島塗
　ウ　十日町がすり　　エ　会津塗

はるよさんととうまさんの会話文を読んで，あとの各問いに答えましょう。

> はるよ：都道府県名でできるだけ長いしりとりをつくる宿題はできた？
>
> とうま：うん，でもあまり長くはつなげられなかったよ。
>
> はるよ：わたしはがんばって考えて，8府県をつなげたよ。
>
> とうま：えっ，それはすごいね。
>
> はるよ：「（A）→（B）→きょうと→（C）→ぎふ→（D）→（E）→わかやま」とつなげてみたけどどうかな。
>
> とうま：これはすごい。あっ，でも（E）は他の県を入れてもうまくつながるね。
>
> はるよ：えっ，そう。わたしにはわからないよ。
>
> とうま：ヒントは四国にある県だよ。
>
> はるよ：そうか（F）ね。なるほど，とうまくんすごいね。

(1) 会話文中の（A）～（E）にあてはまる県名を，右の資料1を参考にして，それぞれひらがなで書きましょう。

A（　　　　　）　　B（　　　　　）

C（　　　　　）　　D（　　　　　）

E（　　　　　）

(2) はるよさんは，しりとりに使った8府県をしょうかいするために，その自然や産業などの特色をまとめたカードをつくりました。はるよさんがつくったカードとしてあてはまらないものを，次から選びましょう。

（　　　　　）

資料1　はるよさんがしりとりに使った8府県

㋐　平地が少なく，大部分を紀伊山地がしめます。紀ノ川や有田川の流域では，みかんやかきなどの生産がさかんです。

㋑　揖斐川，長良川，木曽川の3つの川が流れています。長良川で行われているうかいによるあゆ漁は，全国に知られています。

㋒　火山の桜島があります。シラス台地が広く見られます。米づくりには向かない土地のため，肉牛やぶたの飼育，畑作が農業の中心です。

㋓　全体的に山がちで，北部は日本海に面しています。名産品には，伝統的工芸品の京友禅や清水焼，宇治茶などがあります。

(3) 次の地図は会話文中の（ F ）の県の一部です。この地図を見て，あとの問いに答えましょう。

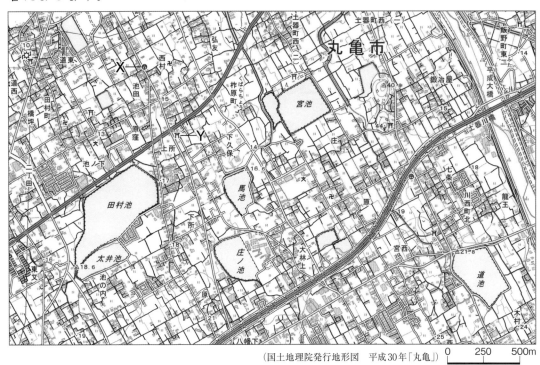

（国土地理院発行地形図　平成30年「丸亀」）

① 地図中にはたくさんの「ため池」が見られます。「馬池」から見ておよそ北東の方角にあるため池を，地図中に名前が示されたものの中から選び，その名前を書きましょう。　　　　　　　　　　　　　　　　　　（　　　　　　　　　　）

② 地図中のXとYの地図記号が示しているものを，それぞれ書きましょう。
X（　　　　　　　　　　）　　　Y（　　　　　　　　　　）

③ 地図中のXとYの間の実際のきょりはおよそ何mですか，書きましょう。
（　　　　　　　　　　）

④ 地図中の地域で生産がさかんなものを，次から選びましょう。　（　　　　）

⑦ 茶　　⑦ みかん　　⑦ きゅうり　　⑦ 米

⑤ 地図から読み取れることをまとめた次の文章中の（　P　）にあてはまる言葉，（　Q　）にあてはまる内容をそれぞれ書きましょう。

P（　　　　　　　　　　）　　Q（　　　　　　　　　　）

　　この地域は，地図中に（　P　）がほとんど見られないことから，平地であることがわかる。また，多くの「ため池」が見られることから，（　　　Q　　　）気候であるということがわかる。

(4) 会話文中の（ F ）の県の昔の国名を次から選びましょう。　　（　　　）

⑦ 讃岐　　⑦ 伊予　　⑦ 土佐　　⑦ 阿波

③ 次の会話文を読んで，あとの各問いに答えましょう。

> 先　生：みなさん，調べ学習のテーマは決まりましたか。
>
> かなえ：わたしたちのはんは，節水の取り組みについて調べます。2年前にわたしの姉が調べた資料が残っているので，それも活用したいと思います。
>
> まなぶ：ぼくたちのはんは，家庭から出るごみについて調べます。どのようにごみが集められ，処理されているのかを調べます。
>
> のぞみ：わたしたちのはんは，エネルギー問題をテーマに選びました。とくに再生可能エネルギーについてくわしく知りたいです。
>
> 先　生：みなさん，それぞれ興味深いテーマを選んでいますね。発表がとても楽しみです。

(1) 次の資料1は，かなえさんたちのはんが，かなえさんの姉が調べたことも活用してつくったものです。この資料を見て，あとの各問いに答えましょう。

資料1　家で節水に取り組む人の数の変化

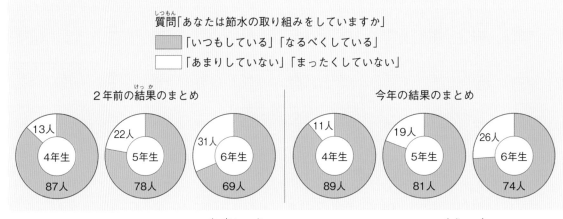

① 2年前とくらべて，家で節水の取り組みをしている人の数が最も増えたのは何年生ですか，書きましょう。　（　　　　　　　　　）

② 次の会話文中の（　X　）と（　Y　）にあてはまる言葉を，それぞれ書きましょう。　　X（　　　　　　　　　）　Y（　　　　　　　　　）

> かなえ：2年前と今年をくらべると，家で節水の取り組みをしている人の数は，どの学年でも増えているね。だから，この2年間で節水の取り組みをする人の数は増えたと考えてもいいかしら。
>
> さとる：そのように考えることもできるね。でも，2年前の（　X　）と今年の（　Y　）をくらべると，節水に取り組む人の数は減っているよ。ということは学年が上がると，節水に取り組む人の数は減っているとも言えるのではないのかな。

(2) 次の資料2は，まなぶさんが住んでいる地域のごみ収集カレンダーです。資料2を見て，あとの問いに答えましょう。

資料2　まなぶさんが住んでいる地域のごみ収集カレンダー

● 燃えるごみ…毎週火・木曜日
● 燃えないごみ…毎月第2月曜日
● ペットボトル・古紙類…毎月第2・4月曜日
● 容器包そうプラスチック…毎週木曜日
● 飲食用びん・かん…毎月第1・3月曜日
● 乾電池・けい光灯・スプレーかん…毎月第4木曜日

ごみは，すべて市が指定するごみぶくろに入れ，午前8時までに決められた場所に出して下さい。

① まなぶさんの家では，新聞紙をリサイクルごみとして出します。12月は何日に出すことができますか，すべて書きましょう。

（　　　　　　　　　　　　）

12月 DECEMBER

日	月	火	水	木	金	土
			1	2	3	4
5	6	7	8	9	10	11
12	13	14	15	16	17	18
19	20	21	22	23	24	25
26	27	28	29	30	31	

② まなぶさんが住んでいる地域で，12月16日に出すことができるごみの種類を，次からすべて選びましょう。

（　　　　　　　　　　　　）

㋐ 野菜くず　　㋑ こわれた自転車　　㋒ 乾電池　　㋓ われたコップ
㋔ かんづめの空きかん　　㋕ 食品トレー　　㋖ ペットボトル

③ 次の会話文中の（　　　）にあてはまる言葉を書きましょう。

（　　　　　　　　　　　　　　　　　　）

まなぶ：地域によって，ごみを集める日がちがうのはどうしてだろう。
たまえ：（　　　　　）の数には限りがあるから，同じ日にするとすべてのごみを集めきれないからじゃないのかな。

(3) 次の表は，のぞみさんが火力発電と再生可能エネルギーの代表である太陽光発電のちがいについてまとめたものです。表中の[　　　　　　]にあてはまる内容を1つ書きましょう。

（　　　　　　　　　　　　　　　　　　　　　　　　　　　　）

	火力発電	太陽光発電
長所	必要な発電量の調整がしやすい。いつでも安定して発電できる。	発電するときに二酸化炭素を出さない。燃料代がかからない。
短所	発電するときに二酸化炭素が多く出る。燃料を輸入する必要がある。	

世界地図と日本地図

●世界の様子を知ろう

▶ **6つの大陸**…面積が大きい陸地を「大陸」といいます。世界には6つの大陸があり，面積が大きい順に，ユーラシア大陸，アフリカ大陸，北アメリカ大陸，南アメリカ大陸，南極大陸，オーストラリア大陸です。オーストラリアより小さい陸地は，「島」です。

▶ **3つの海**…面積が大きい海を「大洋」といいます。世界には3つの大洋があり，面積が大きい順に，太平洋，大西洋，インド洋です。

▽フランスのぶどう畑

ぶどうからワインをつくるよ。

▽エジプトのピラミッド

たくさんの人が見にくるよ。

▽アメリカの畑

機械で水をまいているよ。

●**ロシア**…世界で1番面積が大きい国。　　●**アメリカ**…強い経済力を持つ国。

●**ドイツ，イギリス，フランス**…ヨーロッパの国々。

●**エジプト**…古くから文明がさかえ，ピラミッドがある国。

●**南アフリカ共和国**…アフリカ大陸の最も南にある国。

●**サウジアラビア**…さばくと石油の国。　　●**タイ**…日本の会社の工場が多くある国。

●**オーストラリア**…日本の真南の国。　　●**韓国**…日本に近い国。

●**インド，中国**…人口が多い国。　　●**ブラジル**…南アメリカ大陸で1番面積が大きい国。

これまでの学習や次の地図をもとに，各地方の地図に都道府県の特色をまとめましょう。各地方の⬤は，都道府県庁のある都市の場所を示しています。

!ヒント1 都道府県名と都道府県庁のある都市の名前を地図に書いてみよう。

!ヒント2 都道府県の特産物を地図に書いてみよう。

⬤日本の都道府県

都道府県庁がある都市　⚫ ⚫

⚫　都道府県名と同じ名前の都市

⚫（道県名とちがう名前の都市名）

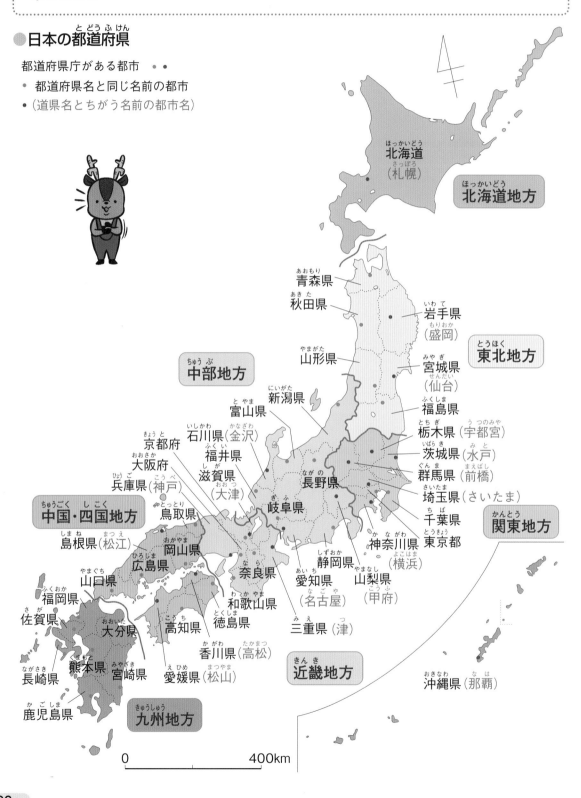

北海道（札幌）

北海道地方

青森県

秋田県

岩手県（盛岡）

東北地方

中部地方

山形県

宮城県（仙台）

福島県

新潟県

富山県

石川県（金沢）

栃木県（宇都宮）

京都府

福井県

滋賀県（大津）

茨城県（水戸）

群馬県（前橋）

長野県

埼玉県（さいたま）

大阪府

兵庫県（神戸）

岐阜県

千葉県

神奈川県（横浜）

東京都

関東地方

中国・四国地方

鳥取県

島根県（松江）

岡山県

広島県

山口県

奈良県

愛知県（名古屋）

静岡県

山梨県（甲府）

福岡県

佐賀県

大分県

高知県

和歌山県

徳島県

三重県（津）

長崎県

熊本県

宮崎県

香川県（高松）

愛媛県（松山）

近畿地方

沖縄県（那覇）

鹿児島県

九州地方

0　　　　　　400km

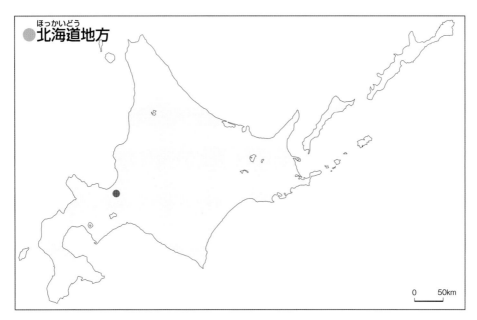

●北海道地方
ほっかいどう

0   50km

●東北地方
とうほく

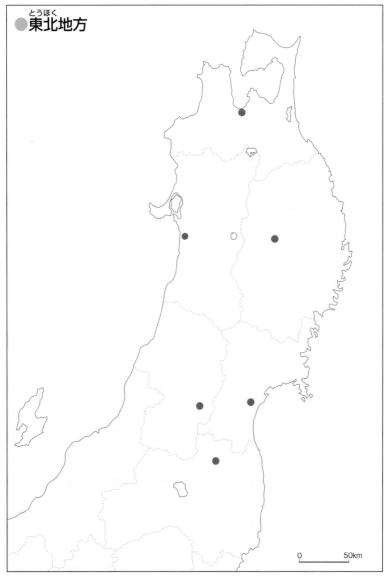

0   50km

●関東地方

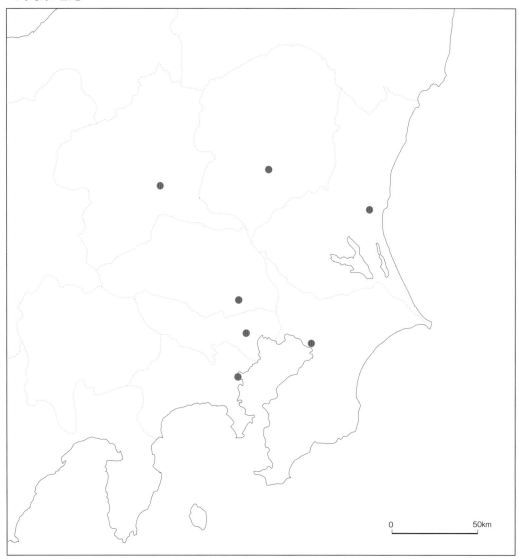

●中部地方
ちゅう ぶ

0 ____ 50km

●近畿地方

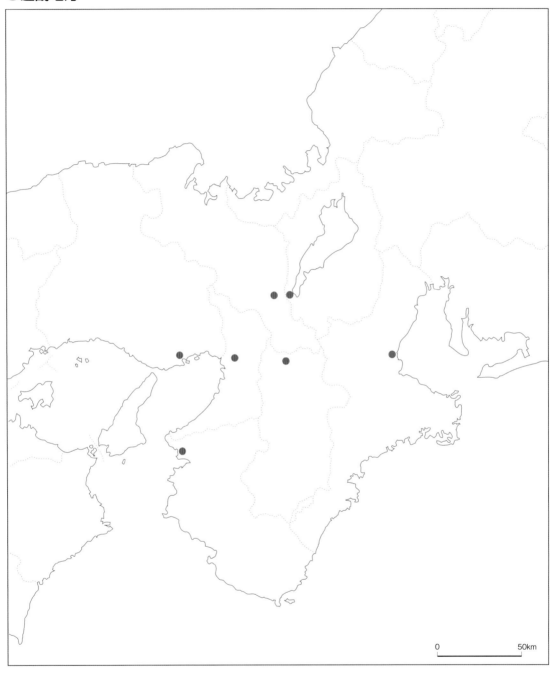

0   50km

●中国・四国地方

0   50km

●九州地方
きゅうしゅう

0 ___ 50km

トクとトクイになる！

小学ハイレベルワーク

社会 3・4年

答えと考え方

「答えと考え方」は，
とりはずすことが
できます。

1 日本の都道府県と地方

標準レベル＋ 　4〜5ページ

1　①4　　　　　　　②本州
　　③2　　　　　　　④北海道
　　⑤香川県　　　　　⑥長野県

2　①長野　　　　　　②愛知
　　③高知

ポイント 日本は，大きく4つの島からできていることをおさえましょう。都道府県と各地方の位置や名前，その特色を資料（地図）で確認して学習します。

ハイレベル＋＋ 　6〜7ページ

1　(1)ウ
　　(2)①関東　　　　　②北海道
　　　③九州　　　　　④中国・四国
　　　⑤北陸
　　(3)

2　①群馬県　　　　　②熊本県
　　③山梨県　　　　　④鳥取県
　　⑤青森県　　　　　⑥長野県
　　⑦三重県　　　　　⑧北海道

思考力トレーニング
　　①　中部地方
　　②　九州地方

考え方

❶ (1) 東北地方は，青森県，岩手県，秋田県，山形県，宮城県，福島県の6県からなります。⑦は福島県がありません。⑦の新潟県は，中部地方になります。
　(2) 4ページの地図で確認しましょう。
　(3) 近畿地方は，滋賀県，京都府，大阪府，兵庫県，奈良県，和歌山県，三重県からなります。「府」は2つとも，近畿地方にあります。三重県は近畿地方にふくまれますが，中部地方を3つに分けたときの，東海にもふくまれます。必ず地図で確認しながら進めましょう。

❷ 各都道府県の形を覚えましょう。①群馬県，⑤青森県，⑧北海道のように，形に特ちょうのある都道府県を中心に，地方全体をとらえるのもよいでしょう。くり返し何度も地図を見ることが大切です。

思考力トレーニング 地方ごとの都道府県の数をまとめてみましょう。
地方ごとの都道府県の数
北海道地方—1道
東北地方—6県
関東地方—1都6県
中部地方—9県
近畿地方—2府5県
中国・四国地方—9県
九州地方—8県

海に面していない都道府県がある地方
関東地方（3県）—群馬県，栃木県，埼玉県
中部地方（3県）—山梨県，長野県，岐阜県
近畿地方（2県）—奈良県，滋賀県

すべての都道府県が海に面している地方
北海道地方（1道）
東北地方（6県）
中国・四国地方（9県）
九州地方（8県）

2 北海道地方，東北地方

標準 レベル+　　　8〜11ページ

1 ①札幌　　　　　②流氷
　　③石狩　　　　　④十勝
　　⑤根釧　　　　　⑥ほたて貝

2 ①青森　　　　　②津軽
　　③りんご　　　　④陸奥
　　⑤盛岡　　　　　⑥南部鉄器
　　⑦奥羽

1 ①仙台　　　　　②松島
　　③こけし　　　　④秋田
　　⑤八郎潟　　　　⑥曲げわっぱ

2 ①山形　　　　　②最上
　　③庄内　　　　　④山形
　　⑤福島　　　　　⑥福島
　　⑦会津

ポイント 北海道と東北地方の各道県の形と自
然，産業の特色をくらべて学習します。

ハイ レベル++　　　12〜13ページ

❶ (1)米
　　(2)みかん
　　(3)らく農
　　(4)ラムサール
　　(5)札幌市
　　(6)オホーツク海
　　(7)㋐

❷ (1)ウ
　　(2)①青森県　　②岩手県
　　　　③山形県　　④福島県

思考力トレーニング
　　秋田県

❶ (1) 石狩平野はやせた土地であったことと，石狩川がこう水をくり返していたため，農業に不向きな土地でした。しかし，よそから土を運びこむことを行ったり（客土），はい水工事を行ったりしたことで，米づくりのさかんな土地となりました。北海道は日本有数の米の産地です。

(2) 地図中のBは帯広市です。北海道はじゃがいも，小麦，とうもろこしの生産が日本一です。みかんはあたたかい地方で生産がさかんな果物です。

(3) 地図中のCは釧路市で，下線部③の台地は，根釧台地です。釧路から根室にかけて広がっています。根釧台地は火山灰が積もってできた土地であったことと，夏に「のうむ」というこいきりが発生して日の光がさえぎられ，気温も上がらないことから，畑作に不向きでした。そのため，らく農を広く行うようになりました。らく農は十勝平野でもさかんです。北海道は乳牛の飼育数が日本一です。

(4) 日本で最初にラムサール条約に登録された湿原は，釧路湿原です。特別天然記念物のタンチョウが生息しています。「ラムサール条約」は，多様な生物のすみかとして重要な湿地を守るための国際条約です。

(5) 札幌市は，道庁所在地で，北海道でただ1つの人口百万以上の都市です。北海道の中心都市となっています。明治時代に北海道開拓使が置かれ，札幌市の街なみはごばんの目状に計画的につくられました。

(6) かになどの水産物が豊かな海です。かつてオホーツク海でさけやます，かになどをとっていた北洋漁業は，日本の漁業の中心でした。しかし，1970年代に，各国が排他的経済水域を設けるようになると，漁業が制限され，北洋漁業はおとろえていきました。

(7) 地図中の㋐の知床は，2005年に世界自然遺産に登録されました。知床はオホーツク海に面し，さまざまな海の生物，陸の生物を育んでいます。

❷
(1) ㋐は宮城県が30万tより少なくなっているのであやまりです。㋑と㋓は山形県が50万tより多くなっているのであやまりです。米づくりは，秋田県の秋田平野，山形県の庄内平野，宮城県の仙台平野などでさかんで，東北地方は日本のこく倉地帯とよばれています。

(2) りんごは，青森県，長野県，岩手県などで生産がさかんです。青森県は津軽平野でりんごの生産がさかんです。ももは，山梨県，福島県，長野県などで生産がさかんです。おうとう（さくらんぼ）は山形県で全国の4分の3近くを生産しています。

💡思考力トレーニング 秋田県の「ア」の字を図形にしたもので，県の発てんするすがたを表しています。東北地方の県のうち，カタカナで3文字の県名は，「アキタ」，「イワテ」，「ミヤギ」なので，「ア」・「イ」・「ミ」のどの字に形が似ているかを考えます。「ア」と「イ」で，形をくらべると「ア」をデザインしたものだとわかります。

特集
島と島をつなぐ　　14～15ページ

●まとめ
①青函トンネル　　②明石海峡大橋
③瀬戸大橋　　④しまなみ海道
⑤関門橋

●やってみよう
A㋑ B㋐ C㋕ D㋑

社会のヒトコト
日本は周りをすべて海に囲まれており，多くの島があります。日本の4つの大きな島は，橋やトンネルでつながっています。都道府県を，橋やトンネルの名前とともに学習します。

---

③ 関東地方

標準レベル＋　　16～19ページ

1 ①水戸　　②霞ケ浦
③利根　　④結城
⑤宇都宮　　⑥中禅寺
⑦益子

2 ①前橋　　②高原
③さいたま　　④い物
⑤石灰石

1 ①東京　　②横浜
③箱根　　④三浦
⑤鎌倉　　⑥温泉

2 ①千葉　　②房総
③九十九里浜　　④銚子

ポイント 関東地方の各都県の形と自然，産業の特色をくらべて学習します。

ハイ レベル＋＋　　20～21ページ

❶ (1) A㋓ B㋖ C㋕ D㋑
E㋐ F㋒ G㋔
(2) 石灰石
(3) ㋑
(4) X 横浜港
Y 成田国際空港
(5) ㋒

❷ (1) ㋐
(2) ㋒

💡思考力トレーニング
10倍

考え方
❶ (1) 地図中のAは群馬県，Bは栃木県，Cは埼玉県，Dは茨城県，Eは東京都，Fは神奈川県，Gは千葉県です。
㋐は東京都についての説明です。東京都は政治，経済，文化の中心地で，日本の首都です。大きな会社の本社が多数集まっています。
㋑は茨城県についての説明です。利根川は

茨城県と千葉県のさかいをほぼ流れています。利根川は，流域面積が日本一の川で，「坂東太郎」の別名を持つ川です。日本で1番大きな湖は滋賀県にある琵琶湖です。2番目が茨城県にある霞ケ浦です。3番目が北海道にあるサロマ湖です。

　⑦は神奈川県についての説明です。神奈川県にある鎌倉は，鎌倉時代に政治の中心地である幕府が置かれていました。箱根は，江戸時代に関所が置かれていました。

　⑤は群馬県についての説明です。関東地方は，火山灰が積もった関東ロームにおおわれていて，畑作の近郊農業がさかんです。群馬県の嬬恋村は，標高が高く，夏でもすずしい気候を利用したキャベツやレタスなどの高原野菜の生産がさかんです。

　⑦は千葉県についての説明です。千葉県の大部分は房総半島がしめています。房総半島は，近くを暖流の黒潮（日本海流）が流れるため，冬でもあたたかい気候となっています。千葉県は花づくりのほか，野菜や果物づくりもさかんです。

　⑦は埼玉県についての説明です。大都市に向けた，ほうれんそうやねぎなどの生産がさかんです。

　⑦は栃木県についての説明です。日光東照宮のある日光市には，中禅寺湖や戦場ヶ原などの美しい自然があり，日光国立公園に指定されています。

(2) 地図中の⑱は，埼玉県の秩父市です。秩父市は石灰石が豊富にとれ，セメント産業がさかんです。石灰石は国内産だけでまかなえる原料です。

(3) 地図中の⑲は，東京23区を示しています。
　⑦の新宿は，副都心の1つです。東京都庁があります。また，ターミナル駅があるため，百貨店，専門店が多く集まりにぎやかな地域になっています。
　⑨の銀座は，高級専門店，高級飲食店がたちならぶにぎやかな地域です。
　⑦の渋谷は，副都心の1つです。ターミナ

ル駅があり，多くの専門店，飲食店が集まっていて，わか者の街になっています。
　⑦の銚子は，千葉県の利根川の河口にあり，水産業がさかんな都市です。銚子港は，日本有数の水あげ高の漁港です。また，銚子はしょうゆの生産もさかんです。

(4) Xは神奈川県，Yは千葉県にあります。
　Xの横浜港からは，海外に自動車などを輸送し，海外からは石油などが運ばれてきます。
　Yの成田国際空港は，日本の空の玄関口で，多くの外国人がおとずれます。また，商品の輸送においても日本最大の貿易額となっています。IC（集積回路）や医りょう品など，軽くて高価なものを輸送しています。

(5) ⑦益子焼は栃木県の伝統的工芸品です。伝統的工芸品とは，伝統的な技術や技法によって製造されている織物や焼き物，漆器などの製品で，国が指定しています。
　⑦は群馬県伊勢崎市で，伊勢崎がすりが有名です。
　⑦は群馬県桐生市で，桐生織が有名です。
　⑦は茨城県結城市で，結城つむぎが有名です。

❷ (1) 資料から，近くの県や東京23区以外の都市から東京23区内の会社や学校などへ通っている人が多いことを読み取りましょう。
　東京23区に多くの人が集まっています。東京23区では，昼間の人口が多くなり，夜の人口は少なくなります。

(2) 東京23区では人口が多く集まるため，さまざまな問題がおこっています。⑦は人口が減っている地域でおこっている問題です。

💡思考力トレーニング　東京都の人口を10倍すると1億4050万人となり，全国の人口の1億2614万人に近くなります。また，東京都を中心とした地域には全国のおよそ4分の1の人口が集まっていて，東京都に人口が集中していることが問題になっています。

4 中部地方

標準レベル+ 　22～25ページ

1
① 新潟　　　② 信濃
③ 佐渡　　　④ 越後
⑤ 小千谷　　⑥ 富山
⑦ ほたるいか ⑧ 金沢
⑨ 能登　　　⑩ 輪島

2
① 福井　　　② 若狭
③ めがねフレーム ④ 甲府
⑤ ぶどう

1
① 長野　　　② 高原野菜
③ 岐阜　　　④ うかい

2
① 静岡　　　② 浜名
③ 茶　　　　④ 焼津
⑤ 名古屋　　⑥ 知多
⑦ きく　　　⑧ 豊田

ポイント 中部地方の各県の形と自然，産業の特色をくらべて学習します。

ハイレベル++ 　26～27ページ

❶
(1) A 越後平野　　I 濃尾平野
(2) B 信濃川　　　E 長良川
(3) イ
(4) リアス海岸
(5) ウ
(6) 甲府市
(7) うなぎ

❷
(1) X みかん　　　Y りんご
(2) 山梨県
(3) ウ
(4) 例 夏に多く出荷されている。
　　例 ほかの県の出荷量が少ない時期に，出荷量が多くなっている。

🔍思考力トレーニング
①りんご　　②ぶどう

考え方

❶(1) 越後平野や濃尾平野では米づくりがさかんです。
　地図中のAの越後平野は，本州では関東平野の次に大きい平野です。日本で最長の信濃川が流れています。冬の間は，雪が積もって農業ができないため，夏の米づくりしか行わない水田単作地域ですが，越後平野のある新潟県は，米の生産が日本有数です。
　地図中のIの濃尾平野には，東海の中心都市である名古屋市があります。木曽川，揖斐川，長良川が流れていて，下流では米づくりがさかんです。

(2) 地図中のBは信濃川で，日本で1番長い川です。2番目は利根川，3番目は石狩川です。
　Eの長良川では，「う」とよばれる水鳥をあやつってあゆをとる「うかい」を見に，多くの観光客がおとずれます。

(3) 地図中のCは富山湾です。富山湾ではほたるいかやぶりがとれることで有名です。
　⑦のたいは，愛媛県などで養しょくがさかんです。
　⑦のわかめは，宮城県や岩手県などの三陸海岸で養しょくがさかんです。
　⑦のかきは，広島県の広島湾などで養しょくがさかんです。

(4) リアス海岸は，入り江や岬の多い，複雑な海岸地形です。リアス海岸は，地図中のDの若狭湾のほかに，東北地方の三陸海岸や三重県の志摩半島，愛媛県の宇和海沿岸などがあります。

(5) 地図中のFは諏訪湖です。諏訪湖のある諏訪盆地では，第二次世界大戦前までは製糸業，戦後は精密機械工業が，近年は電子工業がさかんになっています。
　⑦の浜名湖は，静岡県にあります。
　⑦の中禅寺湖は，栃木県にあります。
　⑦の霞ケ浦は，茨城県にある日本で2番目に大きい湖です。

(6) 地図中のGの甲府市は，山梨県の県庁所在地です。そのほかに中部地方で県名と県庁所在地の名前が同じでない都市が，愛知県の名古屋市，石川県の金沢市があります。

(7) 地図中のHの浜名湖は，うなぎの養しょくで有名です。近年では鹿児島県や愛知県でうなぎの養しょくがさかんになっています。

❷ (1) Xのみかんはあたたかい地方で，Yのりんごはすずしい地方で生産がさかんです。

(2) 山梨県の甲府盆地は，水はけがよく，夏に高温になるため，果物の生産がさかんです。

(3) 下線部あの静岡県は，牧ノ原などでの茶の生産が有名です。茶は，気温が高く湿度があり，日当たりがよくて水はけのよい土地で育ちます。鹿児島県でも生産がさかんです。

⑦の米は，日本全国で生産されていますが，とくに新潟県や北海道，秋田県などで生産がさかんな農産物です。

⑦の大豆と⓪の小麦は，北海道で生産がさかんな農産物です。

(4) レタスは暑さに弱い野菜です。⓪の長野県の八ヶ岳のふもとの野辺山原や群馬県の浅間山のふもとの嬬恋村では，すずしい気候を利用して，ほかの県の出荷量が少ない6～9月の時期に多く出荷しています。

💡思考力トレーニング 長野県は，果物の生産が多く，りんごやぶどうの生産は全国有数です。①，②がりんごかぶどうのいずれかであると考えると，「ナガノパープル」の「パープル」がむらさき色を示すことから，②がぶどうの品種であることが予想できます。長野県生まれの品種に「ナガノ」や「シナノ」(長野県の昔のよびかた) をつけて，長野県にゆかりのある品種であることがわかるようにしています。

特集 **茶と大豆** 28～29ページ

●やってみよう
⑦

社会のヒトコト
日本で多くの人に飲まれている茶と，日本でさまざまなものに利用されている大豆について学習します。

1章 日本の都道府県

5 近畿地方

標準レベル＋ 30～33ページ

1 ①津 ②志摩
③尾鷲 ④真じゅ
⑤大津 ⑥琵琶
⑦近江 ⑧あゆ
⑨信楽

2 ①奈良 ②吉野
③金魚 ④京都
⑤丹後 ⑥茶
⑦西陣 ⑧清水

1 ①大阪 ②大阪
③淀 ④大阪
⑤神戸 ⑥瀬戸内
⑦たまねぎ ⑧かばん

2 ①和歌山 ②みかん
③有田 ④うめ
⑤まぐろ

ポイント 近畿地方の各府県の形と自然，産業の特色をくらべて学習します。

❶ (1)④

(2)B 琵琶湖（びわこ）　　C 淀川（よどがわ）

(3)⑦

(4)E 淡路島（あわじしま）　　F 紀伊山地（きいさんち）

(5)⑦

(6)志摩半島（しまはんとう）

(7)真じゅ（しん）

❷ (1)A みかん　　B かき　　C うめ

(2)和歌山県（わかやまけん）④　　奈良県（ならけん）⑦

💡**思考力トレーニング**

　④

考え方

❶ (1)　⑦は山形県（やまがたけん），⑦は滋賀県（しがけん），⑤は三重県（みえけん）で飼育（しいく）されているブランド牛です。

(2)　B 琵琶湖（びわこ）は日本一大きな湖で，滋賀県（しがけん）の面積（めんせき）の6分の1をしめます。琵琶湖（びわこ）は，「京都（きょうと）・大阪（おおさか）の水がめ」とよばれ，広い地域（ちいき）の人々が生活に使っていますが，1970年代には水の栄養（えいよう）分が増え，プランクトンという小さい生物が大発生する赤潮（あかしお）が何度もおきて水質（すいしつ）の悪化（あっか）が問題（もんだい）になりました。その後，滋賀県（しがけん）では，りんをふくむ合成洗剤（ごうせいせんざい）のはん売や使用を禁止（きんし）し，水をきれいにする取り組みが行われました。琵琶湖（びわこ）はラムサール条約（じょうやく）に登録（とうろく）されています。

　　C 淀川（よどがわ）は琵琶湖（びわこ）から流れ出るただ1つの川です。琵琶湖（びわこ）から，瀬田川（せたがわ）→宇治川（うじがわ）→淀川（よどがわ）と，名前を変えて，大阪湾（おおさかわん）に流れ出ます。

(3)　地図中のD は京都市（きょうとし）です。西陣織（にしじんおり）は，京都市（きょうとし）の「西陣（にしじん）」とよばれる地域（ちいき）を中心につくられる絹織物（きぬおりもの）です。京都市（きょうとし）にはそのほかに，京友禅（きょうゆうぜん）や清水焼（きよみずやき）などの伝統的工芸品（でんとうてきこうげいひん）があります。

　　⑦の信楽焼（しがらきやき）は，滋賀県（しがけん）の伝統的工芸品（でんとうてきこうげいひん）で，陶じ器（とうじき）（焼き物）です。

　　④の輪島塗（わじまぬり）は石川県（いしかわけん）の伝統的工芸品（でんとうてきこうげいひん）で，何度も漆（うるし）を塗ってつくられる漆器（しっき）です。

　　⑤の小千谷ちぢみ（おぢや）は新潟県（にいがたけん）の伝統的工芸品（でんとうてきこうげいひん）で，麻（あさ）の織物です。

(4)　E は淡路島（あわじしま）で，兵庫県（ひょうごけん）に属（ぞく）します。淡路島（あわじしま）

は，たまねぎなどの生産（せいさん）がさかんです。1995年の阪神（はんしん）・淡路大震災（あわじだいしんさい）は，淡路島北部（あわじしまほくぶ）を震源地（しんげんち）として発生した地震（じしん）による災害（さいがい）でした。

　　Fの紀伊山地（きいさんち）は，あたたかい気候（きこう）と雨が多くふることから林業（りんぎょう）がさかんです。吉野（よしの）すぎや尾鷲（おわせ）ひのきなどが育てられています。

(5)　地図中のGは勝浦漁港（かつうらぎょこう）です。まぐろの水あげ高が多い漁港です。

(6)　志摩半島（しまはんとう）の大部分（だいぶぶん）が伊勢志摩国立公園（いせしまこくりつこうえん）となっています。

(7)　英虞湾（あごわん）では真じゅ（しん）の養しょく（よう）がさかんです。明治時代に御木本幸吉（みきもとこうきち）により，真じゅ（しん）の養しょく（よう）が成功（せいこう）しました。真じゅ（しん）のもとになるかく（しず）をあこや貝（がい）の体内に入れて，波（なみ）の静かなリアス海岸（かいがん）の海の中で育てると，1〜3年であこや貝（がい）の中に真じゅ（しん）ができます。美しい風景（ふうけい）が見られる英虞湾（あごわん）の周辺（しゅうへん）では，観光地化（かんこうちか）が進んでいます。

❷ (1)　みかん，かき，うめの生産（せいさん）は和歌山県（わかやまけん）が全国有数（こくゆうすう）です。かきは奈良県（ならけん）でも生産（せいさん）がさかんです。うめの生産（せいさん）では和歌山県（わかやまけん）が全国（ぜんこく）の半分以上（はんぶんいじょう）をしめています。

(2)　④は和歌山県（わかやまけん）について説明（せつめい）したものです。和歌山県（わかやまけん），三重県（みえけん），奈良県（ならけん）の三県にまたがる紀伊山地（きいさんち）は「紀伊山地（きいさんち）の霊場（れいじょう）と参詣道（さんけいみち）」として，世界文化遺産（せかいぶんかいさん）に登録（とうろく）されています。

　　⑦は，奈良県（ならけん）について説明（せつめい）したものです。奈良県（ならけん）の吉野（よしの）すぎは，三重県（みえけん）の尾鷲（おわせ）ひのき，静岡県（しずおかけん）の天竜（てんりゅう）すぎとともに人工の日本三大美林（びりん）の1つに数えられています。

　　④は三重県（みえけん）について説明（せつめい）したものです。尾鷲（おわせ）ひのきは，人工の日本三大美林（びりん）の1つです。

　　⑤は兵庫県（ひょうごけん）について説明（せつめい）したものです。県庁所在地（けんちょうしょざいち）の神戸市（こうべし）は，瀬戸内海（せとないかい）の大阪湾（おおさかわん）に面したところにあり，昔から港町（みなとまち）として栄えてきた都市（とし）です。

　　⑤は大阪府（おおさかふ）について説明（せつめい）したものです。人口の全国1位は東京都（とうきょうと），2位は神奈川県（かながわけん）です。大阪市（おおさかし）は江戸時代（えどじだい）には「天下（てんか）の台所」とよばれ，経済（けいざい）の中心地でした。大阪府（おおさかふ）を中心とした阪神工業地帯（はんしんこうぎょうちたい）は，金属（きんぞく）工業がさかんなこと

8

と，中小工場が多くあることが特色です。

　カは京都府について説明したものです。京都府は茶のほか，九条ねぎや賀茂なすなど，「京野菜」の生産を行っています。

　キは滋賀県について説明したものです。「近江」は滋賀県の昔の国名です。

💡**思考力トレーニング**　空港をつくるには，広い土地が必要なうえ，まわりに住んでいる人たちが不安を感じたり，そう音になやまされたりしないようにすることが大切です。関西国際空港は，1994年に日本で初めての本格的な海上空港として開港しました。①について，空港は鉄道が集中しているところからはなれたところにつくられ，空港と本州をつなぐ鉄道は，空港をつくるときにつくられたものです。

1章 日本の都道府県

6 中国・四国地方

標準レベル+ 　　　36〜39ページ

1
① 鳥取 ② 鳥取砂丘
③ 境 ④ 松江
⑤ 宍道 ⑥ しじみ
⑦ 岡山 ⑧ 備前

2
① 広島 ② だんだん畑
③ かき ④ 山口
⑤ 秋吉台 ⑥ ふぐ
⑦ 萩

1
① 徳島 ② 阿波おどり
③ 吉野川 ④ うずしお
⑤ 高松 ⑥ ため池
⑦ 小豆島 ⑧ うちわ

2
① 松山 ② みかん
③ 真じゅ ④ タオル
⑤ 高知 ⑥ 室戸岬
⑦ 早づくり

ポイント 中国・四国地方の各県の形と自然，産業の特色をくらべて学習します。

ハイレベル++ 　　　40〜41ページ

❶ (1) X 中国山地　Y 四国山地　Z 吉野川
(2) ①
(3) ⑦
(4) カルスト地形
(5) かき
(6) だんだん畑
(7) ②

❷ ⑦

💡**思考力トレーニング**

　こう水

考え方

❶ (1)　地図中のXの中国山地は低くてなだらか，地図中のYの四国山地は高くてけわしい山地です。中国・四国地方は中国山地，四国山地によって，山陰・瀬戸内・南四国の3地域に区分されることもあります。

　山陰…中国山地の北側の地域。日本海に面していて，冬に雨や雪の多い日本海側の気候。

　瀬戸内…瀬戸内海沿岸の地域。中国山地と四国山地にはさまれ，一年を通して雨の少ない瀬戸内の気候。瀬戸内工業地域が発達しています。

　南四国…四国山地の南側の地域。太平洋に面していて，夏に雨が多い太平洋側の気候です。

　地図中のZの吉野川は「四国三郎」という別名を持つ川です。

(2)　隠岐諸島は，島根県に属する島々です。

　⑦の歯舞群島は北海道に属し，北方領土の1つです。北方領土とは，歯舞群島，色丹島，国後島，択捉島のことで，日本の領土ですが，現在はロシア連邦にせんきょされています。

　⑦の伊豆諸島は，東京都に属する島です。大島，利島，新島，神津島，三宅島，御蔵島，八丈島の伊豆七島と，小さな島々があります。

　①の奄美群島は，鹿児島県に属する島です。奄美大島，徳之島，沖永良部島，与論島などからなります。

9

(3)　地図中のBは宍道湖です。ラムサール条約に登ろくされています。宍道湖のある島根県は，しじみの生産が日本一です。島根県の県庁所在地の松江市は，宍道湖に面したところにあります。

(4)　カルスト地形とは，石灰岩で形づくられた地形で，地下にはしょうにゅう洞があります。秋吉台の近くには石灰石の鉱山が多くあります。

(5)　地図中のDは広島湾です。波がおだやかなため，かきの養しょくがさかんに行われています。中国・四国地方の地方中枢都市である広島市は，広島湾に面したところにあります。

(6)　愛媛県の，宇和海に面するだんだん畑では，みかんの生産がさかんです。みかんは，あたたかく，日当たりと水はけがよい土地で生産がさかんな果物です。

(7)　高知平野は，近くを暖流の黒潮（日本海流）が流れているため，冬でもあたたかいです。そのため，あたたかい気候を生かして，ビニールハウスなどでピーマンやなすなどの野菜の早づくりがさかんです。

❷　　地図中の①は広島県，②は鳥取県，③は愛媛県，④は高知県です。瀬戸内海に面した地域では，原料やせい品を船で輸送するのに便利なため，瀬戸内工業地域が発達しています。瀬戸内工業地域は，石油化学工業や，鉄鋼業などの重化学工業がさかんです。

💡思考力トレーニング　らんかんがあるとどうなるか考えてみましょう。川の水量が増えたとき，水のいきおいで橋がこわれたり，らんかんに流木などがひっかかって水の流れが悪くなったりします。らんかんがないのは，これらのことを防ぐためのくふうであることから考えましょう。

1章　日本の都道府県

7　九州地方

標準 レベル＋　　　42～45ページ

1　①佐賀　②有明海
　③のり　④有田焼
　⑤福岡　⑥筑紫
　⑦筑後　⑧北九州
　⑨久留米
2　①長崎　②雲仙
　③あじ　④熊本
　⑤阿蘇　⑥いぐさ
1　①大分　②別府
　③日田　④宮崎
　⑤宮崎　⑥早づくり
2　①鹿児島　②屋久
　③那覇

ポイント　九州地方の各県の形と自然，産業の特色をくらべて学習します。

ハイ レベル＋＋　　　46～47ページ

❶　(1)Ｘ筑紫山地　　Ｙ九州山地
　(2)エ
　(3)筑後川
　(4)いぐさ
　(5)ウ
　(6)ア
　(7)イ
❷　Ｘ鹿児島県　　Ｙ宮崎県

💡思考力トレーニング
　例 灰がふって，まわりがよく見えなくなる。
　例 ふった灰で，自動車（や洗たくもの）がよごれてしまう。

考え方

❶　(1)　地図中のＸの筑紫山地は低くてなだらか，Ｙの九州山地は高くてけわしい山地です。
　(2)　地図中のＡは佐賀県。エは愛媛県の伝統的工芸品です。
　　昔，豊臣秀吉が朝鮮に出兵したときに，朝

鮮から陶じ器（焼き物）をつくる職人を連れて帰りました。それらの人びとによって焼き物の技術が発展し，佐賀県では有田焼・伊万里焼・唐津焼などがつくられました。つくられた陶じ器は，佐賀県の唐津港，伊万里港から積み出されました。

(3) 地図中のBの筑後川は，九州地方で最長の川で，「筑紫次郎」の別名を持っています。下流に広がる筑紫平野では，米づくりや二毛作が行われていますが，近年，いちごの生産もさかんです。

(4) 地図中のCは八代平野です。八代平野では，米の裏作に，たたみ表の原料となるいぐさを栽培しています。熊本県は，いぐさの生産が日本一で，全国の90％をしめます。

(5) 地図中のDは宮崎平野です。あたたかい気候を利用して，ビニールハウスなどで，きゅうりやピーマンなどの野菜の早づくりが行われています。⑦のはくさいや，⑦のキャベツ，⑤のレタスはすずしい地域で生産がさかんな野菜です。

(6) 地図中のEは沖縄県です。亜熱帯の気候に属します。沖縄県のゆたかな自然と，歴史ある文化をもとめて，多くの観光客が訪れるため，沖縄県では観光業がさかんです。沖縄県は，第二次世界大戦後もアメリカに治められていました。1972年に日本に復帰しましたが，今でも多くのアメリカ軍の基地が残っています。

(7) 阿蘇山は熊本県にあり，世界最大級のカルデラを持つ山です。カルデラとは火山がふん火した後に火口のまわりにできるくぼ地のことです。阿蘇山は，今もふん火をくり返していますが，カルデラには多くの人が住んでいます。熊本県から大分県にかけて広がる火山群は，阿蘇くじゅう国立公園に指定されています。

⑦は両子山で，大分県北部につき出した国東半島の中心にある火山。

⑤は雲仙岳です。1990年にふん火し，大きなひ害をもたらしました。

⑤は桜島（御岳）です。現在もふん火を続けていて，大量の火山灰をふらせています。

❷ 鹿児島県から宮崎県南部にかけて，シラス台地が広がっています。シラス台地は，桜島の火山灰などがふり積もってできた地形で，水もちが悪く，米づくりにむかなかったため，さつまいもや茶の生産，ぶたや肉牛，にわとりの飼育がさかんになりました。鹿児島県や宮崎県のぶたや肉牛の飼育数は全国有数になっています。

💡思考力トレーニング 資料1の火山は桜島です。桜島は現在も活発に活動を続けている火山で，ふん火がおこると大量の火山灰がふります。資料2では，ふった灰で空がくもっているようすが見られます。資料3では，自動車に灰が積もっていることがわかります。

| 1章 | 日本の都道府県 |

8 地図記号と地形図

標準レベル+　　　　　48〜49ページ

1 ①北東　②南
③北　④方位記号
⑤高さ　⑥ゆるやか
⑦急

2 ①畑　②病院
③消防署　④博物館・美術館
⑤針葉樹林　⑥果物畑
⑦田　⑧広葉樹林

ポイント 四方位と八方位，しゅくしゃくの意味，等高線の性質，おもな地図記号について学習します。

❶ (1)南東
(2)老人ホーム
(3)寺院
(4)等高線
(5)しゅくしゃく
(6)ⓘ
(7)石川県

❷ (1)

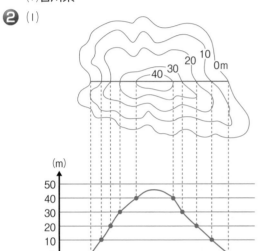

(2)例 等高線と等高線の間が広いほど，土地のかたむきはゆるやかになる。

思考力トレーニング
4まい

考え方
❶ (1) 方位記号がない場合は，地図の上が北になります。「金沢城公園」のＸ地点から見ると「兼六園」は右下にあるので，南と東の間の方位の「南東」にあたります。
(2) 老人ホームの地図記号は，建物とつえを組み合わせてつくられています。
(3) 地形図中に最も多く見られる地図記号は，「卍」でこれは寺院の記号です。神社とまちがえないようにしましょう。
(4) 等高線は海面からの土地の高さを示した線で，同じ高さのところを結んでいます。

(5) 地形図には，しゅくしゃくが2万5千分の1や，5万分の1のものがあります。5万分の1の地形図よりも2万5千分の1の地形図の方が，土地のようすをくわしく表しています。
(6) 実際のきょりを求めるときは，地形図がどれだけちぢめられているかを調べます。この地形図はしゅくしゃくが2万5千分の1なので，実際のきょりは，地形図上の長さに2万5千をかけて求めます。よって，
2（cm）×25000＝50000（cm）＝500（m）となります。
実際のきょりを求める問題では，単位に気をつけましょう。
(7) 地形図の中に「金沢城公園」や「兼六園」が見られることから，この地形図は金沢市の一部ということがわかります。金沢市は石川県の県庁所在地です。

❷ (1) 横から見た図を書くときには，まず，地形図の等高線と直線の交点を横から見た図の方にのばしていきます。横から見た図の左側のたてのめもりは，土地の高さになっているので，それぞれの等高線の高さと同じところにしるしをつけます。最後にそのしるしを線で結ぶと正確な横から見た図を書くことができます。
(2) 等高線と等高線の間がせまいほど，土地のかたむきは急になります。

思考力トレーニング
5万分の1の地図上の1cmは，実際のきょりの500mを示します。2万5千分の1の地図上の1cmは，実際のきょりの250mを示します（5万分の1の地図の実際のきょりの半分の長さを示します）。2万5千分の1の地図はたても横も実際のきょりを示すことができる長さは5万分の1の地図の半分になるので，同じ広さ（面積）を示すには，2×2＝4で，4まいの地図が必要であるとわかります。

9 昔と今の地形図

標準 レベル+　　　　52〜53ページ

1 ①橋　　　　　　②鉄道
　③道路　　　　　④田
　⑤建物　　　　　⑥人口

2 ①道路　　　　　②万代

ポイント 地形図から，その土地のようすの移り変わりを調べるとき，何に注目すればよいかについて学習します。

ハイ レベル++　　　　54〜55ページ

1 (1)○
　(2)×
　(3)○
　(4)○
　(5)×

2 (1)例京都駅の南の田があった場所に建物が建ち，広い道路がつくられた。
　(2)例西本願寺や東本願寺などの古い建物の場所は，今でも変わっていない。

💡思考力トレーニング
　例道路がごばんの目のように規則正しく交わっている

考え方

1 (2) 市役所の地図記号は「◎」。1964年の地形図では「さが駅」のそばには市役所は見られませんが，2021年には「佐賀駅」の近くに市役所がつくられています。
　(5) どちらの地形図にも線路の南側の同じところに「卍」の地図記号が多く見られ，「多くの寺院は，すべて移転してひとつも残っていない」はあやまっています。

2 (1) 京都駅の南側の土地利用の変化に着目してまとめましょう。左側の地形図では京都駅の南側に田が残っていることがわかります。しかし，右側の地形図では，その場所に新しい広い道路ができ，建物が増えています。

---

(2) 神社や寺院などの古くからある建物の場所は変わっていないことが多いです。

💡思考力トレーニング 両方の地形図で，道路がごばんの目のように規則正しく交わっていることから，京都は計画的につくられた都市であるということがわかります。
　京都は，794年から1869年までの1000年以上もの間，日本の都で，ごばんの目のように道路で区切られて計画的につくられました。京都市は歴史的な町並みの景色をまもっていて，世界の人々をひきつける観光都市となっています。

10 昔の国名

標準 レベル+　　　　56〜57ページ

1 ①畿内　　　　　②7
　③北海道　　　　④沖縄

2 (1)①栃木　　　　②群馬
　③富山　　　　　④山梨
　⑤長野　　　　　⑥滋賀
　⑦奈良　　　　　⑧徳島
　⑨香川　　　　　⑩愛媛
　⑪高知　　　　　⑫熊本

(2)①するが　　　②いせ
　③たじま　　　　④いなば
　⑤ちくぜん

ポイント 昔の国の名前と都道府県との関係，各地の地名や名産品の名前に残る昔の国の名前について学習します。

ハイレベル++

①
①かが　　②たんご
③みの　　④いせ
⑤さぬき　　⑥あわ
⑦いよ　　⑧いずも
⑨さつま

② 例 畿内からのきょりによって決められている。

💡思考力トレーニング

14日

考え方

①
①加賀友禅は，石川県の金沢で発達した美しい絵もようが特ちょうの染め物で，細かいもようとぼかしが入ったはなやかなものです。
②丹後ちりめんは，京都府の北部で古くからつくられてきた絹織物です。
③美濃紙は，岐阜県でつくられる和紙で，じょうぶなため，木はん画やしょうじ紙に使われます。
④伊勢えびは，三重県の志摩半島沖で多く水あげされています。
⑤讃岐うどんは，香川県の名産のこしの強いうどんです。
⑥阿波おどりは，徳島県の祭りです。大勢の人が列をつくり，町中をおどりまわります。
⑦伊予かんはみかんの一種で，愛媛県で全国の9わりを生産しています。
⑧出雲そばは，出雲大社のある島根県の名産です。
⑨さつまいもは1600年ころ，中国から琉球(沖縄県)，薩摩(鹿児島県)へと伝わったため，さつまいもとよばれるようになりました。
昔の国の名前は，今でも各地の名産品や祭りなどの名前に残っています。

② 「畿内」は，天皇の住む都の周辺の地域のことです。畿内からみて近い順に，「前」「中」「後」や「近」「遠」の文字が国名についていることを読み取りましょう。

💡思考力トレーニング

地図から，東海道は江戸(今の東京)から京都まででおよそ500kmあるということがわかります。文章から昔の人が1日に歩いたきょりを30kmとすると，
$500(km) \div 30(km) = 16(日)$ あまりとなります。また，1日に40km歩いたとすると，
$500(km) \div 40(km) = 12(日)$ あまりとなります。つまり，昔は東海道を江戸から京都まで歩いて12~16日くらいかかったことがわかります。

特集 伝統的工芸品

●やってみよう

①ク　②エ　③シ　④ケ　⑤コ　⑥ア
⑦サ　⑧イ　⑨キ　⑩ウ　⑪カ　⑫オ

社会のヒトコト

伝統的工芸品のおもな種類，問題点など各地のおもな伝統的工芸品について学習します。

11 上下水道のしくみ

標準レベル+ 　62〜63ページ

1 ①森林　②ダム
　③取水ぜき　④じょう水場
　⑤消毒　⑥下水処理場

2 (1)せっすい

(2)⑦

ポイント 上水（水道水）がつくられるしくみや節水の取り組みについて学習します。

ハイレベル++ 　64〜65ページ

❶ (1)40万人〔41万人，42万人〕

(2)⑦

(3)⑨

(4)⑦

❷ (1)例川の水をたくわえて，川の水量を調節するはたらきをする。

(2)あ

(3)下水処理場

(4)⑨

思考力トレーニング
　こう水

考え方

❶ (1) グラフより，岡山市の人口は，1960年が約30万人，2020年は約70万人なので，
70−30＝40（万人）でおよそ40万人増えていることになります。

(2) グラフより，岡山市の年間配水量が最も少なかったのは1960年の約3500億㎥，多かったのは2000年の約10000億㎥です。
10000÷3500＝2.8…　よっておよそ3倍となります。

(3) 問題文に「2000年から2020年にかけて」とあることに注意しましょう。⑦⑦年間配水量は減ってきています。⑨人口は2000年から2020年の間で増えています。

(4) 人口は減っていないのに年間配水量が減り続けているのは，1人あたりの水の使用量が減っているからだと考えられます。よって，岡山市の1人あたりの水の使用量の変化を示す⑦の資料が必要です。

❷ (1) ダムは川の上流につくられて川の水をたくわえたり，下流に流れる水の量を調節したりします。また，ダムの水は発電に使われることもあります。

(2) Aのし設は，じょう水場です。じょう水場での作業は，え→い→う→あの順で行われ，さらに水質の検査をしています。

(3) 下水処理場は，下水管から送られてきたよごれた水（下水）をきれいにするし設です。かんきょうにえいきょうが出ないよう，川や海に流すことができる水質になるまで，きれいにします。

(4) 下水処理場で処理される前の水が最もよごれています。

思考力トレーニング 森林には，ふった雨水をたくわえ，少しずつ流し出していくはたらきがあります。これは大雨のときなどに，大量の雨水が直接川などに流れこみ，こう水になってしまうのを防ぐはたらきといえます。そのため森林は「緑のダム」とよばれています。

12 ごみのしまつ

標準 レベル＋ 　　66～67ページ

1 ①分別　　　　②そ大〔大型〕
　　③資げん　　　④うめ立て〔最終〕
　　⑤リサイクル

2 (1)スリーアール
　　(2)ウ

ポイント ごみの分別と処理，ごみを減らす取り組み(3R)について学習します。

ハイ レベル＋＋ 　　68～69ページ

1 (1)ウ
　　(2)①例うめ立て(最終)処分場に運ばれてうめ立てられる。
　　　②例家庭から出るごみの中でもとくに量が多いから。
　　(3)ウ，エ(順不同)
　　(4)ア

2 (1)クリーンセンター〔清そう工場〕
　　(2)Aウ　　　Bア

思考力トレーニング
　　例リサイクルをするための分別がしやすくなる。

考え方

1 (1) グラフより，家庭から出るごみの量は，増えたり減ったりしているものの，それほど大きな変化は見られません。
　　(2)① 燃やせるごみでも燃やしたあとには，灰が残ります。灰はうめ立て処分場に運ばれます。
　　　② 家庭から出る，それぞれのごみの量のちがいに着目しましょう。Xのごみの量が特に多いことがわかります。
　　(3) ウのびん・かん・ペットボトルやエの容器包そうプラスチック，また雑がみなどの古紙はリサイクルセンター(し設)に回され，再生されます。

(4) アのトイレットペーパーは，新聞紙などの古紙をリサイクルしてつくられます。
　　エの衣類は，ペットボトルを細かくつぶ状にくだいてできたペレットを加工したものからリサイクル製品がつくられています。

2 (1) クリーンセンター(清そう工場)は地域ごとに役所がつくるし設です。
　　(2)A ごみを燃やすときに出る熱で水をふっとうさせ，じょう気の力でタービンを回して発電しています。温水プールなどの熱に利用されます。
　　B ごみを燃やすときに発生するガスは，有害物を取りのぞいてから外へ出されます。

思考力トレーニング これらのマークはその商品が何でできているかを示すもので，リサイクルマークとよばれています。それぞれの矢印はリサイクルできることを示しています。ペットボトルとプラスチックなどの中には，見た目ではわかりにくいものもあり，リサイクルマークをチェックして分別することが大切です。

13 電気をつくる

標準 レベル+ 70〜71ページ

1 ①⑦，⑦（順不同） ②⑦
③⑦，⑦（順不同） ④⑦
⑤⑦

2 (1)石油

(2)原子力

(3)石炭

(4)天然ガス

ポイント 水力，火力，原子力の3つの発電の
方法の長所や短所について学習します。

ハイ レベル++ 72〜73ページ

❶ (1)A原子力 　B水力 　C火力

(2)①⑦ 　②⑦ 　③⑦

(3)⑦

(4)天然ガス

(5)⑦

❷ (1)中国

(2)カナダ，ブラジル（順不同）

(3)フランス

💡思考力トレーニング
例 石油や石炭などの燃料を輸入するのに便利
だから。

考え方

❶ (1) Aの原子力発電は，ウランなどをかく分れ
つさせたときに出る熱で水をふっとうさせ，
じょう気でタービンをまわして発電します。
Bは「ダムの建設」とあることから水力発
電です。水力発電は，水が高いところから落
ちるいきおいでタービンをまわして発電しま
す。そのため，水の量が多い川のある山間部
につくられます。
Cは「大都市の近くでも発電所を建設でき
る」とあるので火力発電です。火力発電は，
石油や石炭などを燃やして電気をつくります。
原子力発電や水力発電にくらべ，建設できる

場所の制限は少ないですが，日本では火力発
電のもとになる燃料を外国から輸入している
ため，海ぞいの港に近い地域につくられます。
電力が多く使われる大都市や工業地帯などの
近くに建設されることが多いです。

(2) ①原子力発電に使われる燃料や，発電に
よってつくりだされたはい物は，人体に有
害なものであるため，その処理が問題になっ
ています。また，2011年の福島第一原子力
発電所の事故により，原子力発電の見直しが
行われました。

②日本のエネルギーは，1960年ごろまで
は，水力発電による発電量が多かったのです
が，しだいに，火力発電による発電量が多く
なりました。⑦は水力発電の長所，⑦は水力
発電の短所について説明した文です。

③2011年の福島第一原子力発電所の事故
のあと，原子力発電による発電量が減り，火
力発電による発電量が多くなりました。火力
発電に使われる燃料の，石油や石炭，天然ガ
スは，サウジアラビアやオーストラリアなど
の外国からの輸入にたよっています。

(3) ウランは，オーストラリアや中央アジアの
カザフスタンなどで多くとれます。
⑦のニッケル，⑦のコバルト，⑦のクロム
は，電子部品などに使われます。あまりな
かったり，取り出すことがむずかしかったり
する金属で，レアメタル（希少金属）とよば
れます。

(4) 地球温暖化が進んでいるため，その原因の
1つとされる二酸化炭素を出す量を減らす取
り組みがされています。天然ガスは，石油や
石炭にくらべ二酸化炭素を出す量が少ないた
め，注目されています。また，太陽光発電や，
風力発電，地熱発電などの再生可能エネル
ギーも，二酸化炭素を出さないエネルギーと
して，開発が進められています。

(5) ⑦は，火力発電を示します。近年は，日本
の発電量の多くが火力発電によるものです。

①は原子力発電を示します。2011年から大きく減っているのは，福島第一原子力発電所の事故をうけて，全国で原子力発電の見直しが行われたからです。

⑦は水力発電を示します。発電量は1970年から大きな変化はありません。

❷ (1) 発電量の合計が最も多いのは中国，2番目はアメリカ合衆国です。

(2) 水力による発電量が最も多いのは中国です。中国では，長江に世界最大級のサンシャダムがあります。しかし表を見ると，中国は火力の発電量の方が多くなっているので，問題文の条件にあてはまりません。ほかの発電にくらべ水力が最も多くなっているのはブラジルとカナダです。

(3) 原子力の発電量が最も多いのはアメリカ合衆国ですが，アメリカ合衆国は火力の発電量の方が多いので，問題文の条件にあてはまりません。

💡思考力トレーニング 日本では火力発電の燃料のほとんどを外国からの輸入にたよっていることから考えます。燃料となる石油や石炭などは外国からタンカーなどの船を使って運ばれてきます。

2章 住みよいくらし

14 くらしと災害

標準レベル+ 　　74～75ページ

1 ①津波 ②火さい流
③風水害 ④高潮

2 ①自助 ②共助
③ハザードマップ ④公助

ポイント おもな自然災害の種類やひ害の特色，自然災害からくらしを守るための取り組みについて学習します。

ハイレベル++ 　　76～77ページ

❶ (1)①関東 ②阪神・淡路 ③東日本

(2)⑦

(3)⑦

(4)⑦

❷ (1)ボランティア

(2)エ

💡思考力トレーニング
囫安全にひなんする
囫きけんから身を守る

考え方

❶ (1)① 関東大震災は，1923年9月1日に，関東地方をおそった大地震です。昼食時に地震が発生したため，かまどなどから火が出て，火事により多くの人がなくなりました。
② 阪神・淡路大震災は，1995年1月17日に，兵庫県南部でおこった大地震です。神戸市を中心に大きなひ害をもたらしました。
③ 東日本大震災は，2011年3月11日に，東北地方の三陸海岸沖の太平洋の海底を震源としておこった大地震です。地震による巨大な津波で，東北地方から関東地方までの太平洋沿岸部に大きなひ害をもたらしました。このとき福島第一原子力発電所も津波のひ害を受けました。

(2) 表を見ると，大きな台風が発生しているのは9月が多く，10月にも発生していることがわかるので⑦があてはまります。

(3) ⑦の説明にある伊勢湾台風は，1959年9月26日に伊勢湾を中心に九州をのぞく全国をおそった台風で，高潮が発生し，大きなひ害がでました。

⑦は表から，室戸台風は九州～東北となっており，九州でもひ害が出たのであやまりです。

⑦は表から，日本海中部地震は，表中の地震の中ではこわれた建物の戸数が最も少なかったのであやまりです。

エは表から，熊本地震では約4万戸の建物にひ害が出たのであやまりです。

(4) ⑦の津波は震底を震源とする地震のときに発生する自然災害です。⑦，⑦，⑤はこう水などの水害に関係の深い対さくです。

❷ (1) ボランティアは，日本では，1995年の阪神・淡路大震災をきっかけに広まりました。
(2) 災害が発生した場合は，関係する各機関がたがいに連けいして，必要な救助や支えんを行うしくみがつくられています。⑦図から，助言を行っているのは，市町村ではなく国なのであやまりです。⑦各機関はそれぞれの判断で支えんを行っているわけではないのであやまりです。⑦各機関は，それぞれ直接国からの命令を受けてはいないのであやまりです。

💡 思考力トレーニング　⑦のヘルメットは，上から落ちてくる物などから頭を守るため，⑤の軍手は，こわれた建物のかけらなどで手にけがをしないようにするためのものであることから考えましょう。

特集
自然の力と発電　78～81ページ

●やってみよう
(1) ⑦
(2) ⑦

●やってみよう
① ⑤　② ⑦　③ ⑦　④ ⑦　⑤ ⑦　⑥ ⑦

●知っているかな
バイオマス

社会のヒトコト
再生可能エネルギーのおもな種類と特色，問題点について学習します。

🔧 **思考力育成問題**　82～87ページ

❶ (1) 南
(2) B 山形県　　C 群馬県
(3) 例東北地方の中で，岩手県について2番目に広いね。
(4) ① ⑦　　② 近畿地方　　③ ⑦
(5) ⑤

❷ (1) A ふくい　　B いばらき

C とちぎ　　D ふくおか
E かながわ
(2) ⑦
(3) ① 宮池
② X 郵便局　Y 神社
③ 500m　④ ⑤
⑤ P 等高線　Q 例一年を通して雨が少ない
(4) ⑦

❸ (1) ① 6年生
② X 4年生　　Y 6年生
(2) ① 13日，27日（完答・順不同）
② ⑦，⑦（完答・順不同）
③ ごみ収集車〔パッカー車〕
(3) 例天候によって発電量が左右される。

考え方

❶ (1)(2) 福島県は東北地方の中で最も南にあり，東北地方の宮城県・山形県，関東地方の茨城県・栃木県・群馬県，中部地方の新潟県の6つの県と接しています。
(3) 資料1から福島県の面積は13784㎢で，東北地方では岩手県について面積が大きいとわかります。
(4) ① 山梨県が生産高全国1位の果物はぶどうとももです。2位が福島県のXは，ももになります。ぶどうは2位が長野県です。
② Yは和歌山県で，近畿地方にあります。
③ 日本アルプスとは，長野県を中心につらなる飛驒山脈（北アルプス），木曽山脈（中央アルプス），赤石山脈（南アルプス）を合わせてよんだ名前です。3000m級の山脈がつらなっていることから，ヨーロッパ州のアルプス山脈になぞらえてよばれています。
　⑦は，千葉県についての説明です。九十九里浜は千葉県の太平洋沿岸に続く日本最大規模の砂浜海岸です。また，らっかせいの生産や大都市向けの野菜などを生産する農業もさかんです。
　⑦は，栃木県についての説明です。栃木県の県庁所在地は，宇都宮市です。海に面していない内陸県で，いちごの「とちおとめ」の生産がさかんです。

工は，茨城県についての説明です。はくさい，ピーマン，れんこんの生産がとてもさかんで，千葉県とのあいだを流れる利根川は流域面積が日本最大です。

(5) 写真は福島県の会津地方の伝統的工芸品の会津塗です。⑦の南部鉄器は岩手県，⑦の輪島塗は石川県，⑦の十日町がすりは新潟県の伝統的工芸品です。

❷ (1) あらかじめわかっている府県名の最初と最後の文字に注目して，地図中の府県名をあてはめていきます。「きょうと」の前にくるBは「き」で終わる府県で「いばらき」，「いばらき」の前にくる府県は「い」で終わる「ふくい」のように，順番に考えていきます。

(2) ⑦は和歌山県，⑦は岐阜県，⑦は鹿児島県，工は京都府の特色についてまとめたカードです。⑦の鹿児島県はしりとりにある8府県にあてはまりません。

(3) ① 方位が示されていない場合，地形図では上が北なので，北東は右上にあたります。
② 郵便局の地図記号は，昔，郵便をあつかっていた通信省という役所の最初の文字の「テ」から，神社の地図記号は鳥居の形からつくられています。
③ 地形図中のXとYの間の長さは，地形図の右下のものさしの，0から500mを示している長さとほぼ同じです。
④ 地形図中には「‖」（田）の地図記号が多く見られます。
⑤P 平地でなく，高低差のある土地であれば，その土地の高さを示すための等高線が多く見られます。
Q ため池は水不足に備えるためにつくられたものなので，「ため池」が多く見られるということは雨が少ない気候であるとわかります。

(4) ため池が多く見られるのは香川県の讃岐平野です。会話文中の(F)は，かで始まりわで終わる県であることからもわかります。讃岐平野は，中国山地と四国山地にはさまれ，1年をとおして雨が少ないことと，大きな川もな

いことから，昔からため池がたくさんつくられていました。今は，吉野川から香川用水を引いて水不足の問題に対おうしています。⑦は今の愛媛県，⑦は今の高知県，工は今の徳島県の昔の国名です。

❸ (1)① 2年前とくらべると，家で節水の取り組みをしている人の数は，4年生は2人，5年生は3人，6年生は5人増えています。
② 2年前の4年生は，今年の6年生にあたることに着目します。
(2)① 新聞紙は資料2の「古紙類」にあたるので，出すことができるのは第2・4月曜日となります。
② ⑦は燃えるごみ，⑦は資料2にはないですが，そ大（大型）ごみです。工は燃えないごみ，⑦は容器包そうプラスチックに分類されます。12月16日は第3木曜日なので，毎週木曜日に出すことができる燃えるごみと容器包そうプラスチックを出すことができます。
③ ごみの収集は何を使って行われるかということから考えてみましょう。
(3) 太陽光発電は太陽の光エネルギーを利用しているので，太陽が出ていない夜は発電できず，くもりの日は晴れの日にくらべて発電量が少なくなります。

1
(1) ①イ ③ウ ⑤オ ⑦ア ⑨エ
(2) ②三重 ④岩手 ⑥島根 ⑧石川
(3) 九州
(4) 中部

2
(1) ア
(2) ウ
(3) エ
(4) ウ
(5) ウ
(6) Dウ　Eア

3
(1) アルプス
(2) エ
(3) ア
(4) ア
(5) ウ
(6) エ

4
(1) エ，神奈川
(2) キ，和歌山
(3) コ，熊本
(4) ア，山形
(5) ウ，新潟
(6) ク，広島

ひらめきトピックス 関東

考え方

1
(1) ①のカードは山梨県，②は三重県，③は愛知県，④は岩手県，⑤は滋賀県，⑥は島根県，⑦は茨城県，⑧は石川県，⑨は群馬県です。
都道府県庁所在地は，①のカードが甲府市，②が津市，③が名古屋市，④が盛岡市，⑤が大津市，⑥が松江市，⑦が水戸市，⑧が金沢市，⑨が前橋市です。
(3)(4) ①と③と⑧が中部地方，②と⑤が近畿地方，④が東北地方，⑥が中国・四国地方，⑦と⑨が関東地方に属しています。日本を北海道，東北，関東，中部，近畿，中国・四国，九州の7つの地方に分けたときに，①〜⑨の都道府県であてはまるものがないのは，北海道地方以外では九州地方です。

2
(1) 冬に流氷が見られるのは，アのオホーツク海に面した海岸です。イとエは日本海，ウは太平洋に面した海岸です。
(2) ①の釧路漁港は北海道，②の八戸漁港は青森県，③の銚子漁港は千葉県，④の焼津漁港は静岡県にあります。
(3) Aは奥羽山脈で，日本一長い山脈です。秋田県・山形県と岩手県・宮城県を分けています。アの関東山地は，群馬県・埼玉県・東京都と長野県・山梨県を分けています。イの白神山地は青森県と秋田県を分けています。ウの讃岐山脈は，香川県と徳島県を分けています。
(4) Bの利根川は，支流が多く，流域面積が日本一の川です。
(5) Cは千葉県で，らっかせいの生産量が日本一。らっかせいとは，ピーナッツのことです。アのかんぴょうは栃木県，イのなっとうは茨城県，エのこんにゃくは群馬県の特産物です。
(6) Dは岩手県，Eは石川県です。イの小千谷ちぢみは新潟県，エの会津塗は福島県の伝統的工芸品です。

3
(1) アルプス山脈はヨーロッパ州にあり，フランス・スイス・オーストリアとイタリアを分けている山脈です。①の飛驒山脈は「北アルプス」，②の木曽山脈は「中央アルプス」，③の赤石山脈は「南アルプス」ともよばれています。
(2) Aの湖は静岡県の浜名湖で，うなぎの養しょくで有名です。アの猪苗代湖は福島県，イのサロマ湖は北海道，ウの中禅寺湖は栃木県にあります。
(3) Xは福井県の若狭湾，Yは三重県の志摩半島で，リアス海岸の見られる海岸です。リアス海岸は湾や細長い入り江が続く複雑な形の海岸で，よくのこぎりの刃に例えられます。
(4) Bの岡山県は昔は備前とよばれていました。イの伊予は愛媛県，ウの美濃は岐阜県，エの丹波は兵庫県の一部と京都府の一部からなる昔の国の名前です。昔の国の名前は，今でも特産物の名前などに使われています。

(5) 瀬戸大橋は，本州と四国を結ぶ本州四国連絡橋の「3ルート」のうち，岡山県倉敷市と香川県坂出市を結ぶ「児島〜坂出ルート」にかかっています。㋐は関門橋で結ばれている山口県下関市と福岡県北九州市のルートです。㋑は広島県尾道市と愛媛県今治市を結ぶ「尾道〜今治ルート」でしまなみ海道とよばれています。㋓は兵庫県神戸市と徳島県鳴門市を結ぶ「神戸〜鳴門ルート」です。

(6) Cは高知平野，Dは宮崎平野で，冬でもあたたかい気候を利用した野菜の早づくりがさかんです。

④
(1) 「鎌倉」や「箱根」から神奈川県とわかります。
(2) 「大部分を紀伊山地がしめて」から和歌山県とわかります。和歌山県は果物の生産がさかんで，みかん，かき，うめの生産量ではいずれも全国有数です。
(3) 「阿蘇山」や「八代平野」から熊本県とわかります。特産品のいぐさは，たたみ表の原料です。
(4) 「最上川」や「花笠まつり」から山形県とわかります。
(5) 「越後平野」や「こしひかり」などから新潟県とわかります。
(6) 「瀬戸内海に面した湾では『かき』の養しょく」から広島県とわかります。

ひらめきトピックス クロスワードパズルを完成させると，次のようになります。

				い	し	か	わ	
				ば		が		や
お	お	さ	か		な	ら		わ	か	や	ま
か			な	が	さ	き		な		な
や			の			が		し
く	ま	も	と				い	わ	て
		ち	ば		み	
		ぎ		え	ひ	め

しあげのテスト(2) 　巻末折り込み

①
(1) 北西
(2)① ㋑　　②㋓　　③㋐　　④㋺　　⑤㋒
(3) ㋦
(4) 500
(5) ㋑

②
(1) 例 南北に走る新しい道路がつくられている。
(2) ㋐

③
(1) じょう水場
(2)① ㋓　　②㋐　　③㋑　　④㋒
(3) Ⓐ 森林　　Ⓑ ダム

④
(1) リサイクル
(2) Ⓐ ㋑
　　 Ⓑ ㋒
　　 Ⓒ ㋐
(3) ㋐，㋒

⑤
(1)① ㋑，㋗　　②㋐，㋘　　③㋒，㋕
(2) 例 エネルギーげんがなくなる心配がない。

⑥
(1) つなみ
(2) ㋐

ひらめきトピックス ㋐

考え方
①
(1) 方位記号がない場合，地図では上が北になります。諏訪大社下社秋宮の温泉から見ると，諏訪大社下社春宮の神社は左上（北と西の間）にあるので，方角は北西とわかります。
(2) ①の小・中学校は，漢字の「文」を記号にしたものです。②の広葉樹林は，しい，かし，ぶなどの葉の広い木が多く生えている場所を示しています。③の病院は，昔の軍隊の衛生隊のマークがもとになっています。④の交番は，警棒を交差した形を記号にしています。⑤の田は，いねをかりとったあとの形を記号にしています。
(3) 郵便局の地図記号は，昔，郵便や通信の仕事をしていた逓信省という役所の最初の文字の「テ」を記号にしたものです。
(4) 2万5千分の1の地形図で実際のきょりを求める場合は，地形図上の長さを25000倍にします。

（式）2cm×25000＝50000cm＝500m。

(5) ⓐとⓑの間は等高線の数が同じなので，標高差は同じです。等高線の間かくが広いほどその土地のかたむきはゆるやかになるので，⑦とわかります。

② (1) 道路に着目して2つの地形図をくらべると，南北に走る新しい道路がつくられていることが読み取れます。

(2) 金沢市は石川県の県庁所在地です。⑦の信濃は今の長野県，⑦の美濃は今の岐阜県，⑨の越前は今の福井県にあたる昔の国名です。

③ (1) 水道水をつくるし設をじょう水場といいます。じょう水場でつくられた水道水は，配水池から家庭や工場などへ送られます。家庭や工場などから出たよごれた水をきれいにするし設を下水処理場といい，処理された水は川や海にもどされます。

(2) じょう水場では，取り入れた水にふくまれているごみやすなを大きなものから順に取りのぞき，最後に塩素という薬品を使って消毒し，水道水をつくっています。

(3) 森林はふった雨水をたくわえて，少しずつ流しだします。この水が地下水や川になります。このように水をたくわえるはたらきがあることから，森林は緑のダムとよばれています。

④ (1) ごみとして処理せず，資げんにもどしてもう一度利用することをリサイクルといいます。また，ごみとして処理せず，くり返して使用することをリユース，ごみになるものをできるだけ減らすことをリデュースといいます。これらは合わせて3Ｒとよばれており，ごみを減らすための重要な考え方となっています。

(2) 表中のⒶは燃えるごみ（燃やすごみ），Ⓑはそ大ごみ（大型ごみ），Ⓒは資げんごみの処理のしかたを示しています。

⑤ (1) 発電量が最も多いのは火力発電です。2011年の東日本大震災にともなう発電所の事故が発生するまでは，原子力発電が2番目に発電量が多かったのですが，現在では水力発電よりも少なくなっています。

⑨は太陽光発電や風力発電などの再生可能エネルギーを用いた発電について説明した文です。

(2) 太陽光発電や風力発電などは，太陽の光や風などの自然エネルギーを利用して発電しているので，環境にあたえる負たんが少なく，エネルギーがなくなってしまう心配がないという長所があります。

⑥ (1) 地震などによる海底の変動が原因で発生する高い波のことを津波といいます。また，台風のときなどに発生する高い波を高潮といい，どちらも大きなひ害をもたらすことがあります。

(2) ⑦は一人一人や家庭での取り組み，⑦は地域での取り組み，⑨は国や都道府県，市町村の取り組みを示しています。

ひらめきトピックス もとの地図に水害ハザードマップを重ねると，次のようになります。

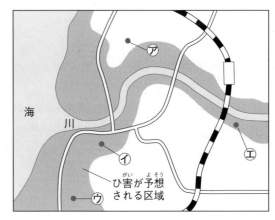

2 1 0 9 8 7 6 5 4
* * D C B A